LE DÉVELOPPEMENT PSYCHOLOGIQUE
DE LA PREMIÈRE ENFANCE

T.G.R. Bower

Le développement psychologique de la première enfance

Traduit de l'anglais par Anne-Marie Graulich

Quatrième édition

MARDAGA

Titre de l'édition originale :
A Primer of Infant Development
© 1977 by W.H. Freeman and Company
San Francisco, USA

© by Pierre Mardaga, éditeur
Hayen 11 - B-4140 Sprimont

Préface

Peu de gens contesteraient l'idée que la première enfance est la période la plus critique du développement humain, la période au cours de laquelle s'établissent les fondements de tout le développement ultérieur. Malgré cela, ce n'est que depuis peu que nous sommes en mesure d'étudier ce qui se passe au cours de la première enfance. L'explosion d'informations aujourd'hui disponibles sur tous les aspects du développement précoce est proprement surprenante et déroutante de complexité. Mon but, en écrivant ce livre, a été de résumer ces faits et de les situer dans un contexte propre à aider tous ceux que concernent très intimement les bébés et leur développement. Si j'ai réussi à faire comprendre les besoins et les capacités des bébés, tels que nous les voyons actuellement, je me sentirai pleinement récompensé.

Cet ouvrage est l'un des trois que j'ai rédigés alors que j'étais l'hôte du Center for Advanced Study in the Behavioral Sciences. Je ne puis assez remercier le Centre de m'avoir procuré l'environnement académique le plus stimulant et le plus riche qu'il m'ait été donné de connaître. Je tiens à remercier particulièrement Agnès Paige, qui métamorphosa mes manuscrits en une magnifique dactylographie.

Je dois aussi m'acquitter ici d'une dette spéciale envers Jane Dunkeld Turnbull et Jennifer G. Wishart pour leur aide aussi large que précieuse.

T.G.R. Bower

Chapitre 1
L'étude de la première enfance

La première enfance — ce que les Anglo-Saxons appellent infancy *— est cette brève période de la vie humaine qui précède l'usage du langage. Malgré sa courte durée, beaucoup considèrent cette période comme la partie la plus critique de la vie, celle au cours de laquelle se dessinent les voies fondamentales du développement futur de toutes les aptitudes et de tous les mécanismes de pensée de l'être humain. Il n'y a guère, cependant, l'origine de ces aptitudes humaines et la manière dont elles se développent étaient encore matière de spéculation plutôt que de science. On ne disposait que de très rares méthodes pour étudier ce que le nourrisson est capable de faire, de percevoir ou de connaître aux différents stades de son développement. Au cours des quelques dernières années, de nouvelles techniques expérimentales nous ont fourni les moyens de poser aux jeunes enfants des questions plus précises — et parmi les réponses que nous avons recueillies, beaucoup se sont révélées surprenantes. Cette information nouvelle a soulevé à son tour de nouvelles questions intrigantes.*

Le mot anglais *infant* qui désigne le tout jeune enfant signifie, littéralement, « qui ne peut parler ». La première enfance est donc cette période de la vie qui commence à la naissance et s'achève avec les débuts de l'usage du langage. Sa durée normale est de l'ordre de dix-huit mois. Il peut paraître étrange de consacrer tout un livre, fût-il mince, à un segment si court de la vie humaine. Pourquoi 2 % de la vie méritent-ils tant d'attention? Il y a à cela plusieurs raisons, toutes également importantes. Il s'acquiert probablement au cours de cette période une plus grande part des aptitudes qui distinguent l'homme des autres animaux que dans tout le reste de l'enfance. A la fin de la première enfance, le bébé est sociable et coopérant. Il a appris les rudiments du langage, sans doute la plus importante de toutes les aptitudes humaines. Il est capable de marcher sur ses deux jambes. Il manifeste déjà les habiletés manuelles raffinées que l'homme ne partage avec aucune autre espèce animale. Il est capable d'employer des outils, dans une mesure encore limitée certes, mais qui dépasse largement les capacités des animaux les plus évolués à cet égard. Il a acquis certains concepts fondamentaux — concepts d'espace, de causalité, de nombre. Tout cela est apparu en dix-huit mois, émergeant d'une situation initiale à première vue des moins prometteuses.

IMPORTANCE DE LA PREMIÈRE ENFANCE

Si la première enfance est la période la plus active du développement, elle est aussi, selon beaucoup de théoriciens, la plus sensible. Des expériences malencontreuses y auraient des répercussions définitives sur tout le développement ultérieur. Une carence des expériences normales à cet âge empêcherait le développement normal.

Examinons, par exemple, la théorie très influente proposée par Erik Erikson. Au cours de la première enfance, selon cet auteur, le bébé acquiert soit une confiance fondamentale envers le monde, soit une méfiance profonde.

Les mères créent un sentiment de confiance chez leurs enfants en combinant, dans leurs attitudes et leurs interventions, la satisfaction des besoins individuels du bébé et un solide sentiment personnel de confiance envers les cadres du style de vie propre à leur culture[1].

Des déviations par rapport à ce style de vie, une mère imprévisible ou inattentive, engendreraient une insécurité fondamentale qui peut durer pendant tout le reste de l'existence.

On considère comme particulièrement critique la manière dont la mère traite le bébé au moment de la poussée des dents. Selon Erikson, les douleurs dentaires ne peuvent être soulagées qu'en mordant. La mère a toujours, jusque-là, soulagé les autres douleurs du bébé, particulièrement la faim, et à présent elle ne lui permet pas de la mordre. Ainsi, d'une certaine manière, elle trahit la confiance que le nourrisson mettait en elle. Si cette trahison est trop sévère, elle pourrait conduire à une méfiance fondamentale.

Une seconde étape cruciale, toujours dans la première enfance, est celle où le nourrisson acquiert soit un sens de l'autonomie soit un sentiment de doute et de honte. L'éducation à la propreté — au contrôle sphinctérien —, serait ici l'événement crucial :

Le doute est frère de la honte. Alors que la honte est liée à la conscience d'être debout et exposé, le doute, du moins c'est ce que l'observation clinique m'amène à penser, est lié à la conscience d'avoir un avant et un arrière — et spécialement un « derrière soi ». Car ce revers du corps, avec son centre agressif et libidinal dans les sphincters et dans les fesses, ne peut être vu par l'enfant, et pourtant il peut être dominé par la volonté des autres. Le « derrière » est le continent obscur du petit être, une zone de son corps qui peut être dominée magiquement et effectivement envahie par ceux qui veulent s'en prendre à son pouvoir d'autonomie et qui qualifient de mauvais les mêmes produits de son corps que l'on accueillait si positivement quand il les expulsait.

Ce sentiment primitif de doute sur ce que l'on a laissé derrière soi forme le substrat pour des formes ultérieures et plus verbales de doute compulsif; celui-ci trouve son expression adulte dans les peurs paranoïaques concernant les persécuteurs cachés et de secrètes persécutions menaçant par derrière (et de l'intérieur du derrière).

Cette étape, dès lors, devient décisive quant au rapport entre amour et haine, coopération et obstination, liberté et suppression de l'expression de soi-même. D'un sens du contrôle de soi sans perte de l'estime de soi dérive un sentiment durable de bonne volonté et de fierté ; d'un sentiment de perte de contrôle et de contrôle étranger excessif découle une propension définitive au doute et à la honte [2].

La théorie d'Erikson est une tapisserie complexe et riche. De courts extraits comme ceux qui viennent d'être cités ne rendent pas justice aux détails du motif. Néanmoins, ils suffisent à nous faire comprendre ce qu'Erikson veut dire. La formation d'une confiance fondamentale suppose que les personnes qui prennent soin du bébé soient dignes de confiance, qu'elles soient *sûres*. Le bébé doit pouvoir attendre des réactions cohérentes de la part de ceux qui l'entourent si l'on veut qu'il acquière confiance dans ce monde. Si les gens qui le soignent le traitent tantôt d'une manière, tantôt d'une autre, de sorte qu'il ne peut faire aucune prédiction exacte sur ce qui se passera en réponse à ce qu'il a fait, il grandira avec une profonde méfiance envers le monde.

On devine dans ce contexte pourquoi la poussée des dents est un événement si important, spécialement pour un bébé nourri au sein. Les premières souffrances, et les plus persistantes, que connaisse un nourrisson sont probablement les souffrances de la faim. Sa mère les soulagera en le nourrissant, en lui ôtant son sein à têter. Elle nourrit plusieurs fois par jour, et chaque jour de la vie du bébé. Celui-ci en viendra certainement à associer sa mère avec le soulagement garanti des affres de la faim. Mais que se passe-t-il quand les dents naissantes font sentir leur présence avec insistance? Le bébé mordra, il mordra tout ce qui lui tombera sous la dent. S'il arrive qu'il morde le sein maternel, les conséquences ne seront pas le soulagement de la souffrance. Elles risquent plutôt d'être le retrait du sein, et peut-être une légère correction.

Nous saisissons sans peine quelque chose du conflit que le bébé doit sentir à ce point. La personne, et la situation, sur laquelle il se reposait le plus fermement jusqu'ici lui refuse soudain le réconfort d'une façon qui, au premier abord, doit lui paraître incompréhensible. Ce n'est que si le bébé est capable de discriminer les souffrances de la faim des souffrances dentaires, et s'il peut apprendre que ces deux sortes de souffrances ne peuvent être simultanément soulagées, qu'il sera en mesure de préserver, à travers cette crise, sa confiance dans le monde.

Un conflit analogue sous-tend l'acquisition de l'autonomie ou du doute. Lorsqu'un bébé apprend à contrôler ses sphincters, il doit saisir pourquoi les contradictions intestinales conduisent tantôt à l'approbation, tantôt à la désapprobation. A l'origine de la crise de l'apprentissage de la propreté, on trouve l'échec à comprendre pourquoi le même comportement peut provoquer l'une ou l'autre réaction.

Nous comprenons toute la nature du conflit ici impliqué. Comme adultes, nous sommes souvent confrontés à des situations dans lesquelles il y a deux façons de percevoir les choses, de sorte qu'il faut une nouvelle discrimination pour parvenir à résoudre la confusion. Bien que ce genre de situation provoque rarement de véritables crises chez l'adulte, le jeune enfant, si nous en croyons Erikson, est si sensible à de telles expériences qu'elles ont des effets profonds et durables sur son développement.

Pour une école de pensée, en fait, toutes les aptitudes et capacités humaines se développent à travers ce type de processus de sélection et résultent de rencontres spécifiques avec certains types de stimulation de l'environnement. Selon cette théorie *empiriste*, des informations, des «input» spécifiques en provenance du milieu sont indispensables pour qu'il y ait développement. Il existe, naturellement, beaucoup de psychologues qui contestent ce point de vue. L'argument *nativiste* soutient que le développement est déterminé biologiquement, et que les attributs humains de chaque individu émergent comme l'expression de son équipement génétique. Selon cette conception, la simple croissance ou la maturation des structures nerveuses prédéterminées génétiquement est responsable de l'émergence des aptitudes et capacités spécifiquement humaines.

Mise à part la notion originale d'équipement «inné», l'explosion récente de nos connaissances en génétique a montré comment l'information codée dans les structures moléculaires à l'intérieur de l'œuf fertilisé contrôle la séquence des événements chimiques qui aboutiront au développement d'un organisme complet, et hautement différencié. Ainsi, par extension, tout développement se déroule sous contrôle génétique, comme un processus physiologique indépendant des facteurs environnementaux. Le point de vue nativiste implique, naturellement, que les potentialités d'un individu sont fixées au moment de la conception, au moment où une cellule spermatique pénètre un ovule, et que les événements extérieurs ne peuvent ni les accroître ni les dimunuer.

La première enfance est l'un des principaux terrains sur lesquels les nativistes ont pu se confronter à leurs adversaires. C'est parce que le rythme de changement y est si rapide qu'il est possible de rechercher les effets, ou l'absence d'effets, de l'expérience sur certains aspects du développement. Par exemple, le bébé normal est capable d'atteindre un objet de la main avec précision vers l'âge de cinq mois. Il est dès lors possible de fournir à un groupe de nouveau-nés des expériences spéciales et de voir si elles accélèrent le développement de cette coordination motrice. Selon la position nativiste, de telles expériences ne peuvent rien changer au rythme du développement. Des essais de ce genre ne peuvent donc produire aucun résultat. Comme nous le verrons, la balance des preuves penche du côté opposé à cette position — et ce fait revêt des implications quant à l'affirmation nativiste, plus sérieuse encore, selon laquelle l'intelligence adulte est déterminée par l'expression des gènes et est relativement indépendante de l'environnement.

L'ÉTUDE SCIENTIFIQUE DE LA PREMIÈRE ENFANCE

Que la première enfance soit à la fois importante et fascinante, j'espère avoir réussi à le faire apparaître clairement dans le bref aperçu qui précède. Néanmoins, un domaine peut être fascinant mais inaccessible. Pendant des années, la première enfance était comme la face cachée de la lune. Nous ne disposions que de très peu de moyens de découvrir ce qui se passe dans l'esprit du bébé. Les bébés sont extrêmement charmants, mais ils ne sont pas particulièrement disposés à collaborer avec les psychologues. La plupart des recherches psychologiques dépendent de la communication entre le psychologue et le sujet, communication qui s'appuie essentiellement sur le langage.

C'est donc la disponibilité de techniques appropriées qui a déterminé le genre de choses que les psychologues ont pu étudier. Le développement récent des techniques scientifiques nous a mis en mesure d'étudier une vaste gamme de capacités. Cependant, puisque notre connaissance de la première enfance est limitée par le genre de questions que nous pouvons aborder, commençons par discuter les techniques dont nous disposons.

La méthode apparemment la plus simple est l'observation directe du comportement du jeune enfant dans des situations naturelles. Ce fut longtemps la seule méthode disponible. Elle connaît aujourd'hui un regain de faveur, dans le cadre de ce que l'on appelle l'approche éthologique du comportement humain. L'éthologie est une branche de l'étude du comportement animal dans laquelle les animaux sont observés dans leur milieu naturel. Au lieu de regarder des animaux de laboratoire enfermés dans des cages, les éthologistes ont poursuivi leurs sujets à travers champs, forêts et rivières en vue de décrire leur comportement *naturel*, par opposition aux comportements bizarres que l'on constate chez les animaux en cage, privés de toute liberté. Cette approche ne va pas sans difficultés, comme nous le verrons, s'agissant de l'animal humain.

Les descriptions du développement qui se dégagèrent des premières études naturalistes étaient essentiellement des constatations à propos de l'âge auquel les bébés accomplissent certaines activités motrices. Les développements moteurs étaient généralement, sinon toujours, décrits en termes assez globaux : atteindre un objet, ramper, se tenir debout. L'observation directe, particulièrement à ce niveau d'analyse assez grossier, ne nous permet pas de dire grand-chose sur des comportements moins évidents. De plus, cette méthode ne nous dit pas grand-chose non plus sur ce que pourrait bien voir le bébé, ce qu'il pourrait entendre, ce qu'il pourrait penser, spécialement dans les tout premiers mois, alors qu'il n'y a encore que très peu de comportements à observer.

Dans les premières années, les chercheurs ont pu disposer d'enregistrements magnétoscopiques de moins en moins coûteux et ont pu, grâce à cela, réaliser des analyses beaucoup plus détaillées qu'auparavant. Les pionniers de cette approche furent les anthropologistes. Les voies de recherche qu'ils ont ouvertes ont fourni certains des faits les plus fascinants dont nous disposions aujourd'hui, particulièrement dans le domaine de la communication entre la mère et le jeune enfant. Ce type de recherche est inestimable et a procuré des informations proprement impossibles à recueillir par d'autres moyens. Cependant, de telles études ne portent pas principalement sur des domaines qui préoccupent traditionnellement les psychologues — les domaines de la perception, du sentiment et de la pensée.

Il y a eu de nombreuses tentatives pour utiliser le comportement moteur fin pour analyser ces mécanismes plus subtils. Parfois ces méthodes sont parfaitement satisfaisantes. Dans la plupart des cas cependant, il s'agit seulement de situations dans lesquelles nous sommes en mesure de faire une assertion positive. Par exemple, imaginons que nous montrions un objet à un bébé, puis déplacions cet objet vers la droite. Si le bébé regarde vers l'objet, et le suit du regard quand il se déplace, régulièrement et sans erreurs, nous pouvons affirmer avec certitude qu'il est capable de voir l'objet, de percevoir qu'il s'est déplacé vers la droite, et qu'il dispose d'un contrôle suffisant sur ses muscles oculaires pour utiliser cette information de façon à maintenir le contact visuel avec l'objet.

Supposons cependant que, quand l'objet se déplace vers la droite, le bébé regarde vers la gauche. On a rapporté ce type de comportement chez de très jeunes enfants. Cela signifie-t-il que le bébé ne peut faire la différence entre un mouvement vers la droite et un mouvement vers la gauche, ou qu'il ne peut contrôler les muscles oculaires suffisamment bien pour utiliser l'information que ses yeux lui fournissent ? Des questions de ce genre font toujours problème et rendent difficile de dire ce que les bébés *ne sont pas* capables de faire. Si un bébé sait faire quelque chose, c'est très bien. S'il ne sait pas, il s'agit de trouver pourquoi, et c'est là un problème compliqué.

Les techniques d'observation naturelle soulèvent un second problème, qui est dans le mot *naturelle*. Beaucoup de ceux qui usent de ce terme supposent que, s'ils observent un bébé à la maison, ils appréhendent un comportement en quelque sorte biologiquement plus naturel ou réel qu'il n'apparaîtrait dans une situation de laboratoire. C'est là une notion étrange. Aucun être humain ne vit dans un environnement naturel. Tous les environnements humains ont été façonnés par l'homme pour servir son confort. Ils ne sont pas naturels. De plus, le comportement que produira un bébé est, largement, fonction de l'environnement particulier dans lequel il se trouve. Des paramètres aussi simples que la température de la pièce déterminent une grande part de ce que nous pouvons voir quand nous observons un bébé. De même, les conditions d'observations affectent ce que le bébé nous montrera de son répertoire comportemental.

En voici une illustration tirée de ma propre expérience, lorsque j'entrevis pour la première fois la possibilité que de très jeunes bébés, de moins de quatre semaines, sont capables d'utiliser leurs mains et leurs bras. A cette époque, je rendis visite à mon frère qui avait un enfant de trois semaines. Pendant que nous bavardions, j'entendis une cloche tinter. On me dit que c'était le bébé qui jouait avec une clochette. Ma première réaction fut d'incrédulité : les bébés de cet âge ne jouent pas avec des clochettes.

Peu de temps après, un phénomène analogue me fut démontré par un spécialiste de mes collègues. A ce point, je compris que ma croyance dans l'incapacité des tout jeunes bébés à atteindre un objet et à jouer avec était fondée sur des observations de bébés de trois semaines qui n'avaient jamais rien eu à portée de leurs mains. Un simple changement dans l'environnement, le seul fait d'y placer un objet accessible, produisait un comportement pour moi tout à fait neuf, tout à fait déroutant, et à première vue impossible. S'il n'y a rien à portée de la main, il va de soi que les bébés ne pourront rien atteindre. S'il y a quelque chose, ils l'atteindront. Quel est l'environnement naturel? Il n'y a aucune réponse à la question. Aucun des deux n'est naturel dans le sens où nous parlons du milieu naturel d'un animal sauvage. Tous les environnements humains sont faits par l'homme à des fins humaines.

Des problèmes analogues surgissent à propos de méthodes expérimentales. Prenons la technique ingénieuse de *fixation préférentielle*, une technique très répandue pour découvrir les capacités perceptives des bébés. On montre au bébé deux objets différents, ou deux stimulus visuels, l'un à sa gauche, l'autre à sa droite, et l'on enregistre le temps qu'il passe à regarder chacun d'eux. Ensuite on inverse les deux stimulus, et l'on enregistre à nouveau les durées de fixation. Après quelques répétitions de cette procédure, nous avons un enregistrement du temps que le bébé a passé à regarder chaque stimulus. Comme chaque stimulus est apparu également souvent à gauche et à droite, nous n'avons pas à nous soucier d'une éventuelle préférence pour regarder à droite, par exemple. Si le bébé a passé significativement plus de temps à regarder vers un stimulus que vers l'autre, nous pouvons conclure qu'il préfère le premier, et par conséquence qu'il est capable de les distinguer. On a employé cette

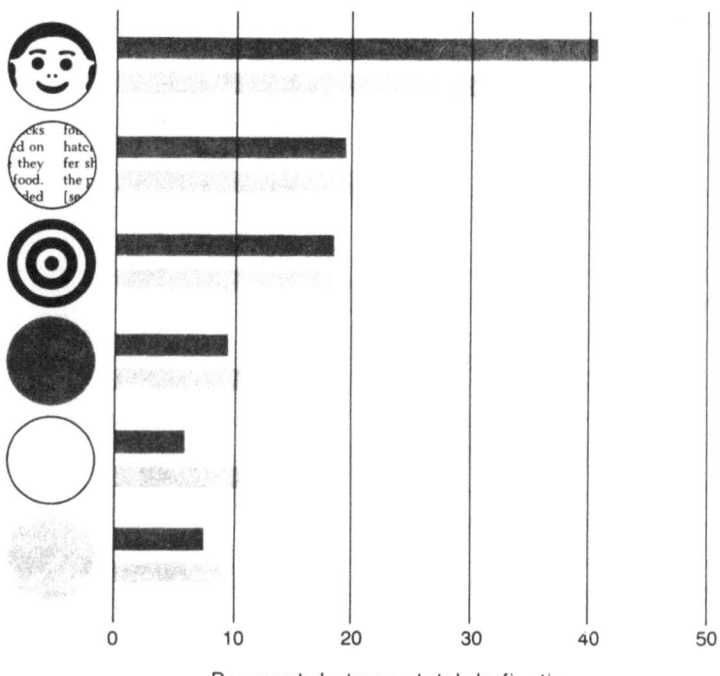

Fig. 1.1. Ce schéma montre le pourcentage de temps que les bébés passent à regarder chacun des stimulus représentés à gauche (les trois derniers disques représentent du rouge uni, du blanc et du jaune). Les barres sombres correspondent aux résultats des bébés de deux à trois mois ; les barres claires aux résultats de bébés plus âgés (extrait de R.L. Fantz, *L'origine de la perception des formes*. Copyright 1961 par Scientific American, Inc. Tous droits réservés).

technique pour montrer que de très jeunes bébés sont capables de discriminer entre des stimulus tels que ceux de la figure 1.1.

Supposons cependant que le bébé ne manisfeste aucune préférence et regarde aussi souvent chaque stimulus. Ceci pourrait signifier qu'il n'est pas capable de les distinguer. Mais cela pourrait aussi bien signifier qu'il les distingue, mais n'a aucune préférence particulière pour l'un des deux. Toute conclusion, dans ce cas négatif, ne peut être qu'hypothétique. Un problème dans l'interprétation des préférences, est qu'elles changent avec le développement. On se convaincra, à partir des données de la figure 1.2, que l'absence d'une préférence particulière ne signifie pas nécessairement qu'un bébé est incapable de *distinguer* deux choses.

Une technique plus efficace pour l'étude des processus perceptifs est le *paradigme de l'habituation*. Elle n'exige rien d'autre du bébé que

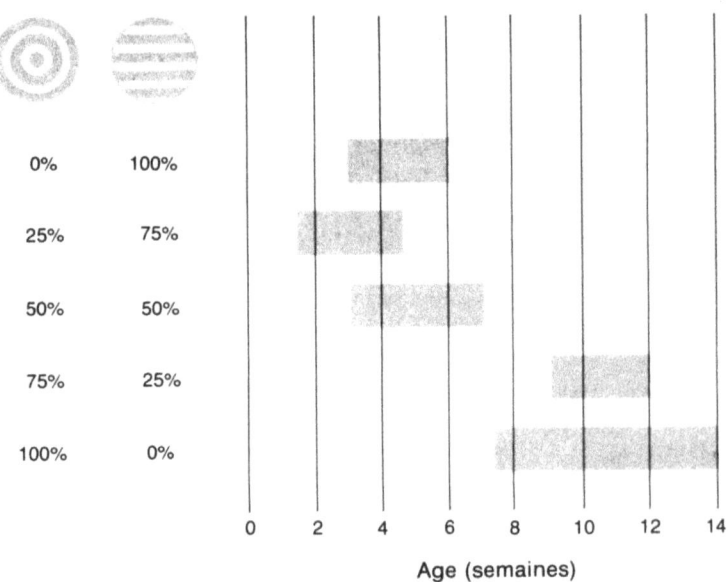

Fig. 1.2. Changements de préférence avec l'âge. Aux alentours de six semaines, le bébé moyen ne montre aucune préférence entre le modèle rayé et le modèle à cercles concentriques. Puisque les bébés plus jeunes aussi bien que les bébés plus âgés ont une préférence, mais dans des directions opposées, il serait hasardeux d'affirmer qu'à cet âge le bébé est incapable de discriminer entre les deux modèles (données de Fantz, 1961).

d'être capable de se lasser d'un stimulus répétitif, un phénomène que l'on appelle *l'habituation*. Cette technique a déjà été utilisée, par exemple, pour tester les capacités des jeunes enfants à discriminer les sons du langage. Le bébé est placé dans une pièce légèrement éclairée, il n'a rien à regarder, et de toute façon, la lumière n'est pas suffisante pour voir. Un haut-parleur situé d'un côté de la pièce commence alors à produire des sons *pa..pa..pa..pa*. Le bébé (pour autant qu'il ne soit pas endormi) tournera la tête dans la direction du son. Son rythme cardiaque changera lui aussi. Après quelque temps, il s'habituera à la répétition du son *pa..pa*. Son rythme cardiaque reviendra à la normale, et il ne manifestera plus aucun intérêt pour le haut-parleur. Le son change et devient *ta..ta..ta..ta*. Dans l'expérience réelle relatée ici, on observe à nouveau, à ce stade, une modification du rythme cardiaque et une rotation de la tête vers le haut-parleur, indiquant que le bébé a détecté le changement de son.

La technique de l'habituation est très utile car elle s'applique aux discriminations dans n'importe quel domaine de la perception. Il est très facile de lasser les bébés avec des stimulus répétitifs, de sorte que, en principe, n'importe quel type de stimulus peut être employé. En fait, la seule limitation majeure de cette méthode réside dans le fait que l'habituation du bébé à une situation peut devenir chronique, de sorte qu'il ignore toutes les stimulations et, par conséquent, ne remarque plus les changements, même lorsque nous savons qu'il peut les détecter.

Une variante du paradigme de l'habituation, appelée le *paradigme de la surprise*, a été mise au point pour permettre de sonder plus avant les processus perceptifs du bébé. Dans le paradigme de l'habituation, nous introduisons un stimulus et le laissons assez longtemps pour que le bébé en découvre tous les traits qu'il peut. Nous en changeons alors un trait. S'il s'agit d'un trait que le bébé a été capable d'enregistrer, nous nous attendons à constater le type de comportement d'orientation décrit plus haut. La cause de ce comportement d'orientation est vraisemblablement une prise de conscience du fait qu'un trait apparemment constant du milieu a changé.

Il importe de noter que dans le paradigme de l'habituation, nous introduisons une régularité, le stimulus original, dans l'univers de l'enfant. Le paradigme de la surprise, par contraste, repose sur les régularités qui existent de toute façon dans le monde. Nous présentons simplement à l'enfant un événement impossible. S'il reconnaît qu'il est impossible, nous en aurons quelque indication dans une réaction de surprise, plus que si nous lui présentions un événement possible.

Une expérience de Aronson et Rosenbloom nous fournit un exemple de ce paradigme. Une mère est assise face à son bébé, avec un écran de verre insonorisant entre eux. Le bébé peut la voir, mais sa voix est projetée à travers un système stéréo. Celui-ci peut être ajusté de telle sorte que la voix de la mère peut sembler provenir de sa bouche, ou de n'importe quel autre point de l'espace. Normalement les voix viennent des bouches, et non d'endroits situés à gauche ou à droite de la bouche. Si le bébé a détecté cette régularité dans l'univers, la présentation de la voix déplacée devrait le surprendre. Ce fut, en effet, ce que l'on observa chez les bébés à partir de trois semaines.

On a tenté d'utiliser la technique pour atteindre des niveaux plus complexes de compréhension. Ainsi, si le support est soudain enlevé de dessous un objet, celui-ci, normalement, tombe. Supposons que nous présentions à un enfant cet événement impossible, dans lequel l'objet privé de support flotte au milieu des airs (fig. 1.3). Si l'enfant a détecté dans son environnement la régularité de la chute des objets privés de support, l'événement impossible devrait le surprendre plus que les autres. C'est en fait ce qui se passe, mais pas avant neuf mois environ.

LES LIMITES À L'EXPÉRIMENTATION

Les méthodes expérimentales que nous venons de discuter sont des techniques pour évaluer les *capacités* des bébés aux différents âges. Comme on l'aura remarqué, il est déjà très difficile de décrire ces capacités, spécialement lorsque nous nous écartons des niveaux particulièrement simples de la perception que nous avons pris comme exemples. Lorsque nous en arrivons au processus développemental lui-même, le problème de l'investigation devient beaucoup plus complexe. A un extrême, la position nativiste soutient que toutes les capacités émergent comme une conséquence de l'expression des gènes, et que la pratique, l'expérience, les récompenses et les punitions, bref toutes les forces psychologiques habituelles, sont parfaitement hors de propos. A l'autre extrême, les empiristes soutiennent que des informations spécifiques en provenance de l'environnement sont nécessaires pour que le développement se déroule; sans ces informations, le bébé resterait un être démuni, en supposant qu'il grandisse. Ce sont là les deux façons les plus simples de rendre compte du développement. Pour simples qu'elles soient, il est difficile de trouver un test décisif qui permettrait de trancher.

Par exemple, un test clair de l'hypothèse nativiste consisterait à isoler un bébé de toutes les informations possibles en provenance de l'environnement. Une telle expérience est évidemment immorale et ne pourrait jamais être réalisée. Pourtant les psychologues ont essayé de trouver des approximations de cette situation, soit en allant voir dans des cultures où les bébés vivent dans des conditions de restriction plus sévères que chez nous, soit en étudiant des enfants frappés de restrictions pour raisons médicales.

L'exemple le plus extrême de ce genre de cas est celui d'un jeune enfant décrit par Wolff. Cet enfant souffrait d'arrhinencéphalie, une affection dans laquelle les informations en provenance du milieu ne peuvent tout simplement pas atteindre le cerveau avec leur valeur de signaux mais se trouvent complètement bloquées, par le «bruit» qu'entraîne l'anomalie anatomo-physiologique. Malgré cela, le bébé développa, dans sa brève existence, quelques comportements. Il fut capable de lever la tête, de se retourner, et même d'amorcer des mouvements de locomotion. La liste n'est pas bien longue, mais ces capacités apparurent sans aucune

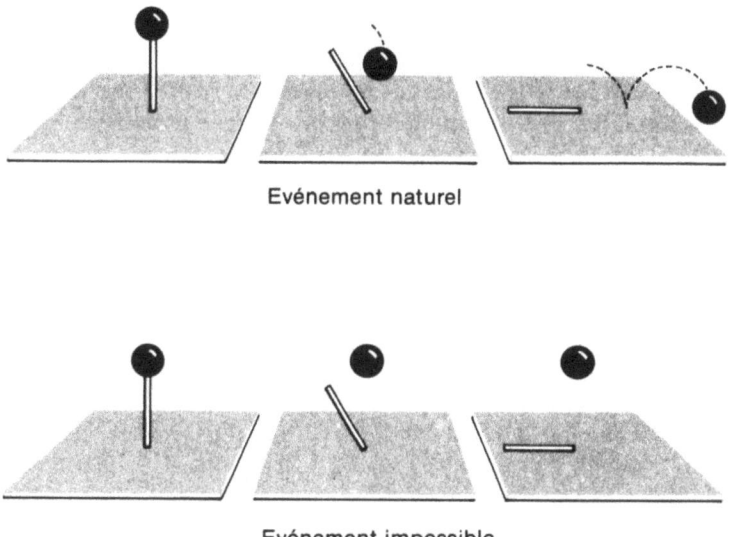

Fig. 1.3. C'est la conséquence naturelle de la pesanteur que la balle tombe lorsque le bâton sur lequel elle se trouvait en équilibre tombe lui-même. Il faut attendre la seconde moitié de la première année pour que les bébés se montrent plus étonnés par la seconde série d'événements que par la première.

intervention de l'environnement. Un nativiste radical pourrait soutenir, sur la base de ce cas, que d'autres capacités se seraient fait jour sans l'apport de l'environnement si le bébé n'avait été handicapé par son anomalie.

On pourrait penser que le point de vue empiriste est plus facile à mettre à l'épreuve. En fait, cela est plus compliqué qu'il y paraît. Dans une expérience idéale, l'effet d'une information environnementale donnée serait testé en la fournissant à un groupe de bébés, et en en privant un autre groupe. En théorie, seuls les bébés du premier groupe franchiraient l'étape développementale en question. Une telle expérience, si elle était réalisable, serait également immorale. Nous ne pouvons pas délibérément placer des bébés dans des conditions qui retarderaient leur développement. En fait, une question morale similaire se pose lorsqu'on accélère le développement normal. On est loin d'avoir résolu le problème du degré de contrôle que l'on peut se permettre dans l'expérimentation sur des sujets humains. Et quand bien même ce problème serait résolu, se poserait encore le problème d'aboutir à un tel contrôle. Beaucoup de grandes aventures de manipulation de l'environnement, qui avaient reçu l'approbation du corps social, ont échoué simplement par défaut de contrôle. L'enfant vit vingt-quatre heures par jour. Mais les programmes d'intervention les plus audacieux n'ont pas réussi à contrôler plus qu'une petite fraction de ce temps.

Pour toutes ces raisons, on a consacré des efforts peut-être disproportionnés à la description du nouveau-né humain. Celui-ci vient juste de sortir de la tranquillité du sein maternel, d'un monde où n'existent ni récompenses ni punitions, ni frustrations, ni conflits. Toutes les capacités qu'il produit à ce stade sont purement le résultat de son équipement spécifique. Il n'a eu aucune expérience susceptible de modeler ses comportements, ses aptitudes, ses conceptions. C'est pourquoi le monde du nouveau-né est si critique dans toutes les analyses du développement. Nous examinerons cette énigme fascinante dans le chapitre suivant.

NOTES

[1] Erikson, 1950, p. 249.
[2] *Ibid.*, p. 253-254.
[3] Frantz, 1961.
[4] McCaffrey, 1972.
[5] Aronsin et Rosenbloom, 1971; Lyon, 1975.
[6] Wolff, 1969a.

Chapitre 2
Le monde du nouveau-né

Le nouveau-né vient juste de commencer sa vie psychologique. Avant la naissance, il n'a fait l'expérience ni des récompenses, ni des punitions, ni des succès, ni des échecs, bref d'aucune des forces psychologiques propres à produire des apprentissages. Le nouveau-né dispose-t-il dès lors de comportements ? Une théorie psychologique répandue répondrait que non. Et l'observateur occasionnel marquerait probablement son accord. Et pourtant, le nouveau-né est vraiment une créature compétente. Il dispose d'un système perceptif déjà fonctionnel, il présente certaines aptitudes motrices, et un répertoire à vrai dire surprenant de comportements sociaux, assurant les interactions avec autrui. De plus, il est déjà capable d'apprendre très efficacement. Aussitôt après la naissance, toutes ces capacités sont mises en œuvre ; ainsi, le nouveau-né n'a que quelques jours qu'il a appris à identifier sa mère.

Le nouveau-né est assurément l'un des organismes les plus fascinants sur lesquels les psychologues puissent travailler. Le bébé qui vient de naître a juste quitté l'univers parfaitement sûr, parfaitement stable, parfaitement calme du ventre maternel pour entrer dans un monde de conflits et de contradictions — l'environnement psychologique normal des êtres humains. L'intérêt scientifique du nouveau-né réside dans le fait que, avant la naissance, il n'y a eu aucun environnement psychologique, aucun moyen pour qu'un mécanisme d'apprentissage quelconque puisse engendrer aucune aptitude, aucune connaissance. Toute capacité dont témoigne le bébé à la naissance doit, par conséquent, être innée, et représenter l'expression du patrimoine génétique dans un environnement physico-chimique.

Cet intérêt scientifique que présente le nouveau-né n'a sans doute d'égal que son intérêt humain. N'est-il pas à la fois si vulnérable et si attrayant, source d'émerveillement et parfois d'appréhension pour ses parents ? Les questions que ceux-ci se posent sont souvent les mêmes que se posent les scientifiques : le bébé voit-il ? Entend-il ? Sait-il ce qui se passe autour de lui ? Reconnaît-il sa mère et son père ? Il n'y a pas si longtemps, la réponse à toutes ces questions eût été négative. A l'œil non exercé, le bébé nouveau-né semble aussi démuni et incapable qu'une créature vivante peut l'être. Pour autant que l'on puisse en juger sur les apparences extérieures, il ne sait rien faire d'autre que manger, dormir et pleurer.

L'œil non exercé, dans ce cas comme en beaucoup d'autres, est complètement à côté de la question. Le nouveau-né humain est probablement aussi capable que n'importe quel autre jeune organisme dans le règne animal. Il dispose de certaines aptitudes qui dépassent celles de tous les autres primates, de certaines aptitudes qui, en fait, dépassent même celles des membres plus âgés de sa propre espèce. L'une de celles-ci, et qui vient singulièrement compliquer le problème scientifique, est la capacité du nouveau-né à apprendre. Jadis, il semblait que l'un des avantages scientifiques du nouveau-né était de nous fournir des occasions de découvrir jusqu'à quel point structures, capacités ou connaissances peuvent s'élaborer sans l'intervention d'un environnement psychologique. Le fait que les nouveau-nés, dès l'instant même où ils quittent le ventre maternel, sont capables d'apprentissage, rend très difficile de séparer les aptitudes innées des aptitudes acquises.

LES CAPACITÉS D'APPRENTISSAGE DES NOUVEAU-NÉS

Pendant très longtemps, il y eut une controverse sur la question de savoir si les nouveau-nés sont ou non capables d'apprendre. Cette controverse est pour ainsi dire résolue. En fait, un expert en matière d'apprentissage chez le nouveau-né a été jusqu'à dire que les nouveau-nés sont plus aptes à apprendre le premier jour de leur vie qu'ils ne le seront plus jamais ultérieurement[1]. Examinons une expérience d'apprentissage très simple. Les bébés nouveau-nés étaient placés dans un berceau muni d'un système très simple permettant d'enregistrer l'ampleur et la direction des mouvements de la tête[2]. Si, à l'audition d'un son pur, le bébé tournait la tête vers la droite, il recevait dans la bouche un peu de solution sucrée. Si un vibreur retentissait, c'était vers la gauche que le bébé devait tourner la tête pour recevoir la récompense. Il ne fallut que quelques essais pour que ces nouveau-nés atteignent une discrimination parfaite. Au son pur, ils tournaient la tête à droite, au vibreur, ils la tournaient à gauche, sans aucune confusion.

En fait, le nouveau-né peut faire beaucoup mieux que cela. Un autre groupe de bébés apprit la même discrimination, fournissant une réponse au son, une autre au vibreur. On inversa ensuite la situation, de telle sorte que la réponse appropriée au son pur était maintenant associée au vibreur et *vice versa*. En d'autres mots, ils devaient désapprendre la première tâche pour apprendre la seconde. Des bébés de quelques heures seulement furent capables de faire cela en une dizaine d'essais.

Il est clair que l'apprentissage démontré dans ce genre de situation dépend de l'existence de certaines capacités à côté de la capacité d'apprentissage comme telle. Ainsi un bébé doit être capable de distinguer un son pur d'un vibreur. Il doit être capable de faire la différence entre un mouvement de tête à gauche et un mouvement à droite. Il doit être capable d'établir une association entre un son pur, un mouvement de tête et un goût sucré, d'une part, et, d'autre part, entre un vibreur, un autre mouvement de tête et le même goût sucré. Autrement dit, il doit être capable de relier trois événements séparés dans le temps. De plus, pour inverser la discrimination, le bébé doit être capable de dissocier les événements qu'il avait appris à relier et de constituer un autre ensemble de relations.

Les aptitudes perceptives impliquées dans la discrimination entre son pur et vibreur, et les aptitudes motrices impliquées dans le mouvement gauche-droite et dans la discrimination entre ces mouvements doivent, je pense, être toutes construites dès le départ, comme doit l'être aussi la capacité de former des associations étendues dans le temps, capacité évidente dans ce genre d'apprentissage. Pourtant, le fait même que les bébés saisissent si facilement des relations entre événements dans les quelques heures qui suivent la naissance devrait nous mettre en garde contre une adhésion hâtive à l'affirmation du caractère inné, non acquis, de telle ou telle aptitude ; il faut pour cela être absolument sûr que le bébé n'a eu aucune occasion d'élaborer les relations en cause. Or, dans bien des cas, nous n'en sommes pas sûrs. L'aptitude à apprendre du nouveau-né est si surprenante qu'il suffit de la moindre exposition pour qu'il apprenne des relations.

L'UNIVERS PERCEPTIF DU NOUVEAU-NÉ

Il existe une expérience héroïque qui échappe complètement à cette critique, parce que le bébé en question n'avait que quelques secondes. Il s'agissait d'une étude sur la localisation auditive, la capacité de détecter la source d'un son. Nous, adultes, faisons cela sans difficultés. Nous pouvons dire si un son est venu de droite ou de gauche, de devant ou de derrière, d'en haut ou d'en bas. Nous localisons la source d'un son si facilement et de façon si automatique que nous imaginons à peine qu'il puisse y avoir là un problème pour le bébé. Cependant, nous constaterons qu'il y en a un si nous considérons la structure de l'oreille. L'oreille est essentiellement un récepteur sensoriel unidimensionnel. Les ondes sonores qui la frappent produisent exactement le même type de modification quelle que soit la direction dont elles proviennent. Il n'y a rien dans le son qui atteint l'oreille qui spécifie sa localisation. Pour discriminer ou détecter la position des sources sonores, nous devons employer nos deux oreilles. Comme on le montre à la figure 2.1, un son venant de la droite atteindra l'oreille droite quelques fractions de seconde plus tôt que l'oreille gauche. Inversement, un son venant de la gauche atteindra l'oreille gauche quelques fractions de seconde plus tôt que la droite. Un son venant de face atteindra les deux oreilles simultanément.

Cette relation est pour l'adulte si automatique que nous n'avons jamais conscience d'entendre deux sons. Si un son stimule l'oreille droite et ensuite la gauche, nous entendons un seul son à droite. Mais en va-t-il de même pour le bébé nouveau-né? Reconnaît-il que, lorsqu'un son frappe son oreille droite et ensuite sa gauche, il entend en fait un seul son venant de sa droite? Serait-il possible que le bébé entende deux sons, venant tous deux d'une direction non définie? C'est là un exemple classique d'un type de problèmes perceptifs que l'on pourrait appeler des problèmes de *dimensions manquantes*. Beaucoup de dimensions de notre expérience perceptive ne semblent pas avoir de corrélats dans l'information qui parvient à nos récepteurs sensoriels. Il doit donc y avoir une sorte de transmutation de notre information sensorielle pour aboutir à la richesse de notre expérience perceptive. Les bébés nouveau-nés sont-ils capables d'opérer cette transmutation?

Michael Wertheimer entreprit de résoudre cette question[3]. Il obtint l'accès à une salle d'accouchement et fut ainsi en mesure de tester une petite fille immédiatement après la naissance. Il fit simplement retentir un « clic » soit à droite soit à gauche du bébé et observa comment ce dernier réagit. Les résultats furent inattendus et fascinants. Le nouveau-né, rappelons-le, âgé seulement de quelques secondes, tourna les yeux

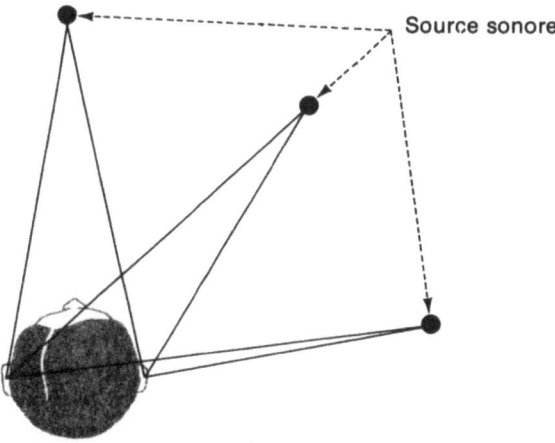

Fig. 2.1. Plus une source sonore s'écarte de la position «droit devant», plus sera grand le décalage temporel entre l'arrivée du son à chacune des oreilles. Quand la source se trouve sur l'axe médian, il n'y a aucun décalage temporel.

vers la droite quand le son venait de droite et vers la gauche quand le son venait de gauche.

Ceci indique que le bébé était capable de localiser les sons dans l'espace bien avant d'être capable de distinguer la gauche et la droite. Mais les résultats indiquent aussi quelque chose de beaucoup plus complexe. Le fait que l'enfant tourne les *yeux* vers la source sonore suggère qu'il s'attend à *voir* quelque chose à l'endroit d'où vient le son. L'idée qu'un son signale quelque chose à voir est des plus surprenantes chez un nouveau-né. Il y a là un argument en faveur d'un certain niveau, peut-être minimum, de coordination *intersensorielle*, d'une structure qui indique au bébé que la présence d'une information parvenue par une modalité sensorielle implique une information disponible à travers une autre modalité. Cette découverte était tout à fait inattendue à l'époque où Wertheimer fit cette expérience.

On a déployé beaucoup d'efforts pour découvrir combien de dimensions manquantes de l'expérience le bébé nouveau-né est capable de fournir. Un domaine particulièrement étudié est celui de l'aptitude à percevoir la troisième dimension de l'espace. Les adultes voient le monde en trois dimensions. Nous voyons les choses à différentes distances et pouvons juger avec une assez bonne précision à quelle distance elles sont. Nous pouvons dire quand nous nous déplaçons vers quelque chose et quand quelque chose s'approche de nous. Nous faisons toutes ces transpositions à partir d'une image rétinienne parfaitement plate. Il existe de nombreux systèmes de stimulation sur la rétine qui sont en corrélation avec la distance à laquelle un objet se trouve. Quelques-uns de ces indices visuels sont illustrés dans les figures 2.2 et 2.3. Cependant, aucun d'entre eux ne fournit une représentation directe de la distance elle-même. Tous exigent quelque transposition pour transformer ce qui se trouve sur la rétine et ce que nous voyons réellement.

La question est, à nouveau, de savoir si les nouveau-nés sont capables ou non d'opérer cette transposition. Il est aujourd'hui à peu près certain qu'ils en sont capables. Si nous tenons un bébé en position verticale et approchons un objet de son visage, il se défendra contre l'objet qui s'approche en tirant la tête vers l'arrière et en interposant les mains entre la tête et l'objet. Ce mouvement de défense a été observé chez le bébé dès la première semaine, bien qu'il n'ait pas, jusqu'ici, été détecté dès le premier jour[4].

Une expérience montre que, non seulement les jeunes enfants se défendent contre les objets se déplaçant vers eux, mais aussi qu'ils sont à même de distinguer entre un objet qui s'approche selon une trajectoire réellement menaçante — qui semble près de les atteindre en plein visage — et un objet qui s'approche selon une trajectoire décalée — qui se borne à siffler près de leur tête sans faire de mal[5]. Ils se défendent contre le premier, non contre le second. Dans cette expérience, les objets qui s'approchaient étaient présentés sous forme d'images visuelles sur un écran (fig. 2.4). Il n'y avait donc aucun mouvement de l'air pour signaler au bébé qu'un objet se déplaçait vers son visage, comme c'eût été le cas avec de vrais objets. La réaction de défense ne pouvait donc avoir été produite que par les seuls indices visuels.

Lorsque ces résultats furent publiés pour la première fois, je les interprétai comme une indication de la présence, chez le nouveau-né, d'une aptitude innée à percevoir l'espace en trois dimensions. Beaucoup de spécialistes récusèrent cette interprétation, soulignant qu'aucun des bébés examinés n'était, littéralement, nouveau-né; tous étaient âgés de quelques jours. Je répondis à cette objection en demandant combien de fois un enfant de cet âge avait pu être frappé en plein visage par un objet en mouvement. Sur la base de mes propres observations, j'aurais dit jamais. Néanmoins, on me rappela que le bébé risquait d'avoir été frappé au visage par le sein de sa mère pendant qu'elle le nourrissait. Quand mère et enfant sont encore inexpérimentés, ceci peut, en effet, être désagréable pour le second et pourrait, éventuellement, provoquer une sensation

LE MONDE DU NOUVEAU-NÉ   27

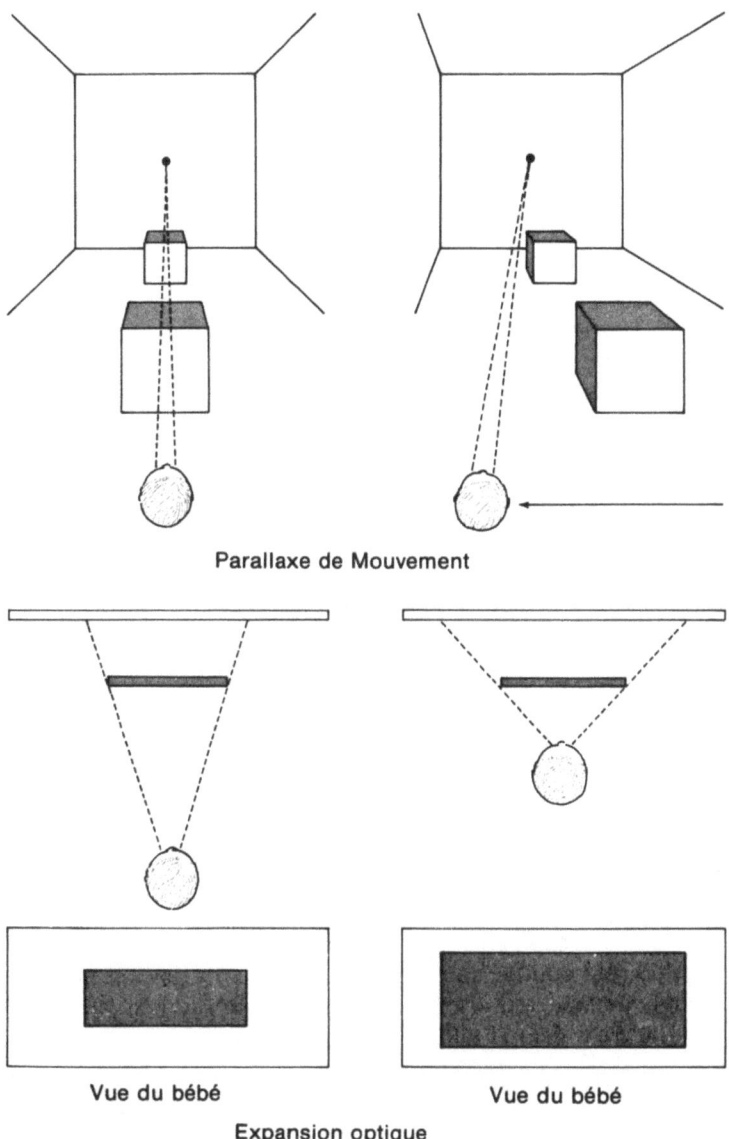

Fig. 2.2. Dans les deux cas représentés ici, les indices visuels s'appuient sur le mouvement pour spécifier la distance. La parallaxe de mouvement est produite par un mouvement de la tête ; un objet plus proche paraîtra se déplacer plus loin et plus vite dans la direction opposée à celle du mouvement qu'un objet plus éloigné. L'expansion optique découle d'un mouvement de l'observateur vers l'objet. L'image rétinienne d'un objet s'étend à mesure que la distance diminue, et les caractéristiques de l'expansion optique indiquent si l'objet est proche ou éloigné (parallaxe de mouvement, tirée de T.G.R. Bower, *Le monde visuel des jeunes enfants*. Copyright 1966 par Scientific American, Inc. Tous droits réservés).

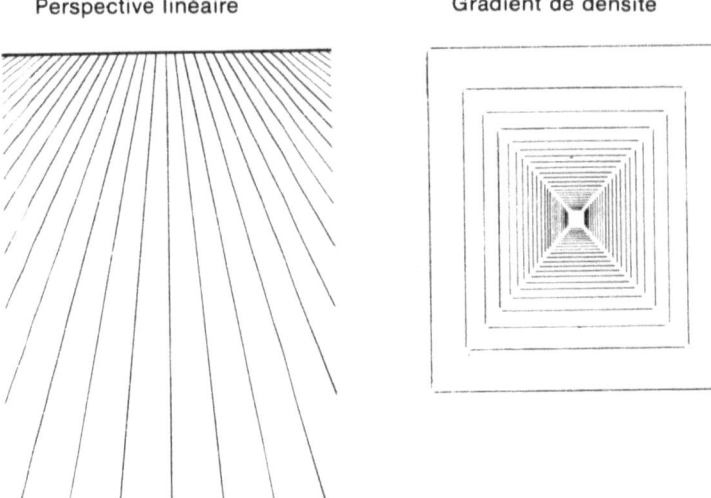

Fig. 2.3. Monoculaires, les « indices du peintre » n'exigent pas de mouvement pour spécifier la profondeur et la distance. Perspective linéaire : la séparation entre les lignes décroît avec l'accroissement de la distance. Gradient de densité : la densité augmente avec l'accroissement de la distance. Il existe encore d'autres « indices du peintre » : telles l'interposition d'objets et la hauteur relative (extrait de J.J. Gibson, *The perception of the visual world*, Boston, Houghton Mifflin, 1950, et reproduit avec autorisation).

d'étouffement. Les bébés, effectivement, se protègent eux-mêmes, dans cette situation, par une réaction de défense qui ressemble beaucoup à la réaction de défense que provoque un objet approchant.

Compte tenu de la capacité d'apprentissage extrêmement rapide du nouveau-né, il n'est pas impossible que le bébé ait appris qu'un changement particulier de la configuration visuelle d'un objet annonce éventuellement un événement désagréable. Je ne pense pas, cependant, qu'une telle objection puisse être faite à la série d'expériences menées récemment par Dunkeld[6]. Elle découvrit que la même réaction pouvait être déclenchée par un événement légèrement différent, à savoir la perception d'un objet tournant sur lui-même de telle sorte que son arête la plus avancée semble près de frapper le bébé sur le nez. Le dispositif expérimental est représenté à la figure 2.5.

L'information apportée par le stimulus n'est pas, dans ce cas, de celles dont le bébé ait quelque chance d'avoir fait l'expérience dans des conditions normales. Et pourtant, des bébés manifestèrent la réaction de

LE MONDE DU NOUVEAU-NÉ   29

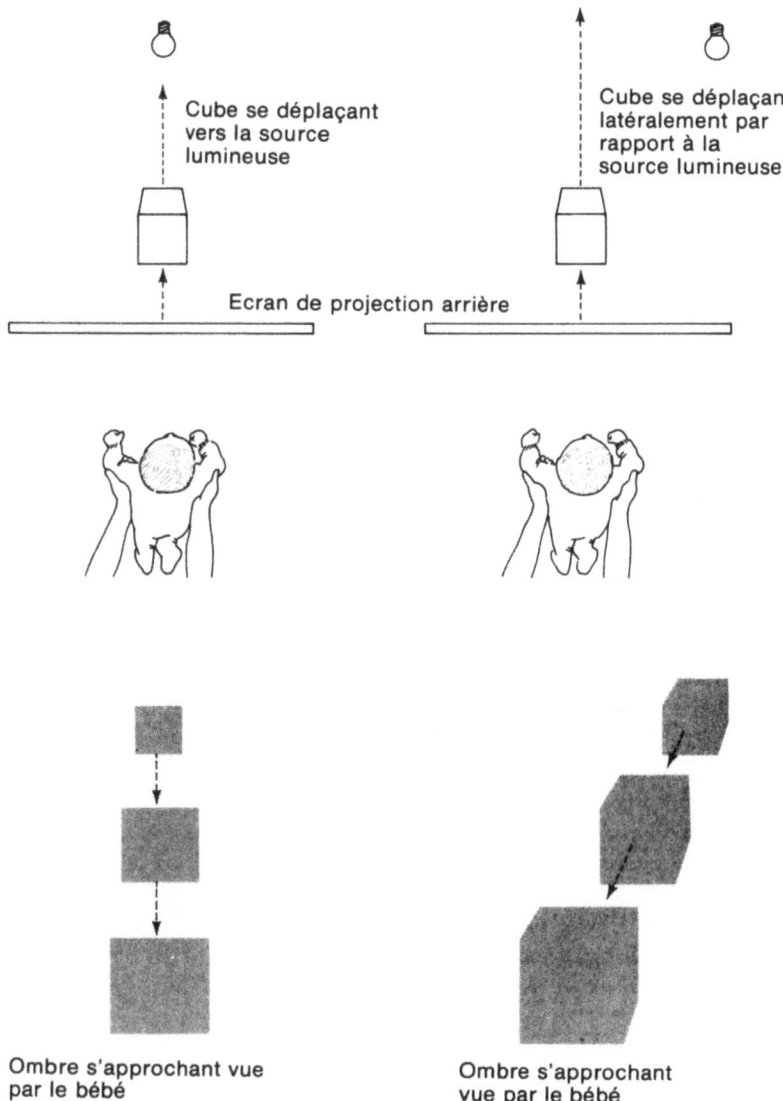

Fig. 2.4. Les ombres portées sur un écran à projection arrière ont été utilisées pour présenter aux bébés des objets optiques s'approchant des yeux. Des bébés de quelques jours seulement furent capables de discriminer entre un objet s'approchant selon une trajectoire directe aboutissant sur eux et un objet s'approchant selon une trajectoire oblique et ne risquant pas de les atteindre. Ils se défendirent contre le premier et ne furent apparemment nullement inquiétés par le second.

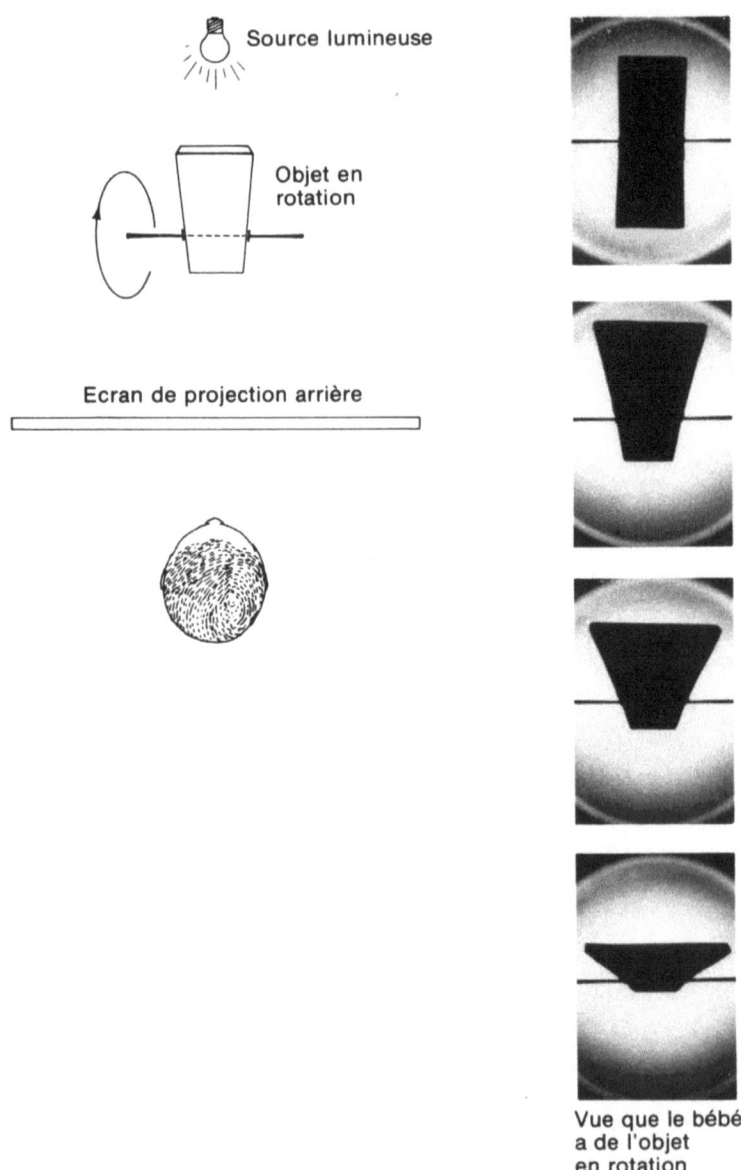

Fig. 2.5. Dispositif à projection d'ombre utilisé pour présenter au bébé un objet tournant en direction de son visage. Les photographies de droite montrent la séquence des changements de forme tels qu'ils se présentent en réalité au bébé (d'après Dunkeld et Bower, 1976a ; photos de Jane Dunkeld).

défense dès la seconde semaine. A mesure que l'objet tournait sur son axe, ils écartaient la tête aussi loin d'eux qu'ils pouvaient, comme si ce changement particulier de l'image signifiait bien pour eux une arête approchant de leur visage.

Je soutiendrais sans hésitation que cet événement est absolument unique dans l'univers d'un bébé de moins de deux semaines. Il est peu probable qu'il ait vu un objet en rotation, et particulièrement en rotation dans ce plan, et il est invraisemblable qu'il ait pu être frappé au visage par un tel objet. Néanmoins, les bébés se défendaient. Il s'écartaient au maximum de l'arête qui s'approchait, et ils pleuraient. Comme le montre la figure 2.5, les changements du stimulus étaient subtils, et pourtant les bébés étaient apparemment capables de les intégrer et voyaient un objet tournant venant vers eux.

Ce sont là quelques-unes des aptitudes perceptives du nouveau-né. Il est capable de localiser les sons. Il est capable de localiser des objets visuellement. Il semble savoir que, quand il entend un son, il y a probablement quelque chose à regarder, et que, lorsqu'un objet s'approche de lui, il sera probablement solide, ou tangible*. Sinon, pourquoi le bébé se défendrait-il contre un objet qui s'approche, ou le bord d'un objet qui s'approche, s'il ne pense pas qu'il risque de lui faire mal ? Ces capacités perceptives resteraient tout à fait insoupçonnées pour un observateur occasionnel et ne pourraient jamais être inférées d'une observation directe du bébé.

LES CAPACITÉS MOTRICES DU NOUVEAU-NÉ

Qu'en est-il des capacités motrices ? Le nouveau-né est-il réellement capable de faire quelque chose ? Comme nous l'avons déjà vu, il peut mouvoir la tête et les yeux pour inspecter l'environnement. Il peut aussi utiliser ces capacités dans une expérience d'apprentissage pour obtenir

---

* Beaucoup de gens font objection à ma formulation que les bébés *savent* quelque chose. Ils peuvent fort bien manifester des comportements appropriés, mais cela n'équivaut pas à une connaissance. Je serais volontiers d'accord pour dire que les bébés ne connaissent pas de la même manière consciente que les adultes, mais je pense qu'ils ne sont pas pour autant de petites machines, auxquelles manquerait le genre de prise de conscience qui nous est propre. Je pense que les bébés peuvent connaître, sentir, penser, croire dans un sens qui n'est pas sans rapport avec ce qui se passe chez les adultes lorsqu'ils «connaissent». En bref, je pense que les bébés sont humains depuis la naissance, et ne le deviennent pas ultérieurement à quelque moment magique.

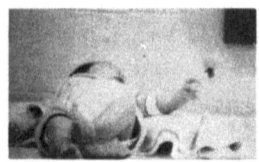  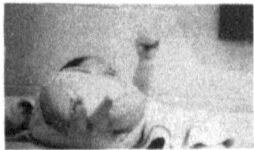

Fig. 2.6. Un bébé nouveau-né étendant la main vers un objet. Ce bébé n'est âgé que de dix jours (photos de T.G.R. Bower).

une récompense. Les nouveau-nés peuvent également employer leurs pieds et leurs jambes si on les tient. Un nouveau-né, correctement soutenu, marchera sur une table ou sur toute surface plane. Il peut aussi user de ses mains et de ses bras avec une efficacité surprenante.

Un tout jeune bébé n'a normalement aucune occasion d'utiliser ses mains et ses bras. Il passe la plus grande partie de son temps sur le dos, et, étant donné la forme de son corps, il roulera d'un côté à l'autre à moins qu'il n'use de ses bras pour se maintenir dans une position donnée. Cependant, si l'on soutient un bébé de telle sorte que le tronc reste fixe, et que mains, bras et tête soient libres de bouger, nous observerons des mouvements de pointage réellement surprenants (fig. 2.6). Les bébés nouveau-nés sont capables de tendre la main et de toucher des objets, et, à l'occasion, de les saisir[7].

Le mouvement de pointage du nouveau-né n'est pas particulièrement précis. Même s'il réussit parfaitement à atteindre et à saisir un objet, le bébé ne semble pas savoir qu'en faire. Généralement, il le laissera tomber dès qu'il l'a dans la main. Néanmoins, cette capacité est présente et peut, à l'occasion, être exploitée. En raison de la *latence* de la réponse, du temps nécessaire pour l'organiser, le nouveau-né n'a guère l'occasion, dans les conditions habituelles, de mettre à profit son comportement de préhension. Il ne se trouve tout simplement pas autour de lui d'objets à saisir, du moins qui restent assez longtemps pour qu'il puisse tendre la main vers eux et les prendre. C'est peut-être la raison pour laquelle, dans la plupart des cas, ce comportement s'estompe et disparaît. Nous reviendrons plus tard sur ce problème.

Toutes les capacités mentionnées jusqu'ici sont inattendues chez les nouveau-nés. Aucune ne serait détectable par un observateur occasionnel. Et par l'observateur occasionnel, je n'entends nullement exclure l'observateur scientifique. Au cours de mes propres recherches, beaucoup de jeunes mères m'ont signalé que leur enfant était capable de tendre la main et de toucher des objets. Je répondais généralement par un scepticisme poli. J'étais si convaincu que les manuels avaient raison, et que ce comportement commençait vers cinq mois — non à cinq jours —, que je ne prêtais aucune attention à ce genre de rapport. Je fus finalement convaincu qu'ils avaient quelque fondement quand je vis mon propre neveu manifester cette conduite à l'âge de trois semaines; je le fus à nouveau lorsque l'enfant d'un collègue, qui n'était pas de nature à se laisser impressionner par mon scepticisme poli, la fournit dès l'âge d'une semaine. Il fallut que les parents attirent mon attention explicitement sur ce comportement pour que je le remarque, bien que j'eusse travaillé intensivement avec des bébés de cet âge pendant plusieurs années.

Lorsqu'ils regardent le comportement d'un jeune enfant, les chercheurs scientifiques tendent, comme n'importe qui, à se laisser aveugler par leurs préjugés sur ce que l'organisme est capable de faire et ce qu'il n'est pas capable de faire. Ils cherchent ce qu'ils s'attendent à voir, plutôt que de regarder objectivement ce que l'organisme fait réellement.

LE MONDE SOCIAL DU NOUVEAU-NÉ

Si surprenantes qu'elles soient, les capacités perceptives et motrices des nouveau-nés s'effacent dans la plus complète insignifiance quand on les compare à leurs comportements sociaux. Voici quelques années encore, l'idée même que le nouveau-né présente des comportements sociaux aurait été accueillie avec la plus grande incrédulité. Au cours de ce siècle, le nouveau-né a dû, tout d'abord, nous convaincre qu'il est autre chose qu'une plante, n'exigeant qu'un peu d'eau et de nourriture; il a ensuite réussi à nous convaincre qu'il est un animal très intelligent. Ce n'est que tout récemment, cependant, que les chercheurs ont commencé à recueillir des faits indiquant que le nouveau-né, en fait, se considère comme un être humain et qu'il dispose d'un grand nombre de réactions sociales dirigées vers les autres êtres humains.

Je soupçonne que les capacités sociales des nouveau-nés sont de celles dont les parents auraient pu nous parler, si seulement nous avions pris la peine de les interroger. Beaucoup de parents ont tenu pour évident que leur bébé est, depuis le début, un être social et manifeste, à ce titre, des comportements sociaux. Néanmoins, il existe toute une littérature sur les processus de socialisation, une littérature qui discute la manière dont le bébé en arrive à devenir un être social, à réaliser qu'il est une personne humaine, la manière dont il en vient à constituer un ensemble de réactions particulières envers les gens, et que rien d'autre, dans son environnement, ne provoque. Une grande part de cet effort, sinon tout, fut, je

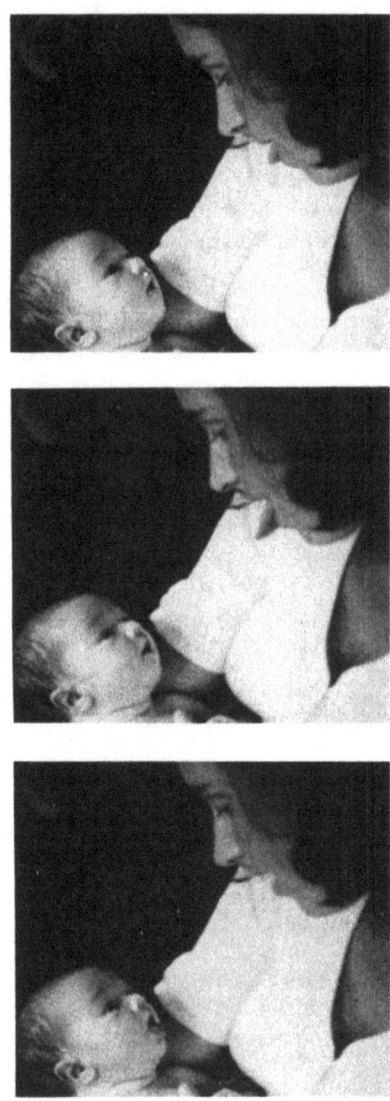

Fig. 2.7. Un bébé de six jours imitant la protrusion de la langue (photos de Jane Dunkeld).

pense, gaspillé. En effet, dès le moment de la naissance, le bébé réalise qu'il est un être humain et dispose de réponses spécifiques déclenchées exclusivement par d'autres êtres humains.

L'une des démonstrations les plus spectaculaires à cet égard concerne l'aptitude des bébés de moins d'une semaine à imiter autrui[8]. Si la mère ou quelque autre adulte tire la langue en face du bébé, le bébé commencera, à bref délai, à tirer la langue lui aussi (fig. 2.7). Supposons que la mère s'arrête alors de tirer la langue et commence à battre des cils, le bébé battra des cils à son tour. Si elle se met ensuite à ouvrir et fermer la bouche, par exemple, le bébé fera de même en se synchronisant sur elle. Evidemment, le bébé tire aussi la langue, bat aussi des cils et ouvre la bouche spontanément. Mais il le fait beaucoup plus si un modèle adulte est présent. De plus, et à la différence de la plupart des comportements décrits jusqu'ici, le nouveau-né semble vraiment prendre plaisir à ces jeux d'imitation réciproque.

Arrêtons-nous un instant pour considérer le niveau d'organisation qu'exigent ces comportements. Comment un nouveau-né sait-il qu'il a une bouche ? Comment sait-il qu'il a une langue ? Et comment sait-il que sa bouche et sa langue sont semblables à la bouche et à la langue qu'il voit devant lui ? Il faut, je pense, une quantité incroyable de connexions intersensorielles préétablies pour que le bébé soit capable de regarder un adulte qui sort la langue et de transformer cette information de telle façon qu'il sache que, dans cette situation sociale, il doit tirer la langue en retour. Il en va de même pour toutes les imitations impliquant la face. Combien de bébés de cet âge se sont jamais vus dans un miroir ? Très, très peu, je pense. Cette expérience ne paraît ni typique, ni nécessaire pour qu'apparaisse l'imitation précoce.

La quantité de coordination intersensorielle préétablie qu'implique l'aptitude du nouveau-né à imiter est infiniment plus étonnante que tout ce que nous avons rencontré dans l'examen des capacités perceptives. Le contrôle moteur de la bouche, de la langue, des yeux ou des doigts y est infiniment plus précis que tout ce que nous avons vu dans les études sur la motricité du nouveau-né. Et toutes ces capacités sont mises au service de ce qui, je pense, est clairement un but social. Le nouveau-né prend plaisir à l'interaction sociale avec les adultes. L'imitation, à ce stade, est un jeu social. Les réponses sont très spécifiquement dirigées vers les êtres humains, et elles témoignent, me semble-t-il, de ce que le nouveau-né se considère comme un être humain lui aussi. D'une manière ou d'une autre, il sait que son visage est fait comme celui de l'adulte qu'il a en face de lui, que sa bouche est semblable à la bouche de l'adulte qu'il voit devant lui.

Il est un point, à propos de l'imitation, que nous devons garder présent à l'esprit : l'activité elle-même semble très satisfaisante pour le bébé, aussi bien que pour la mère. Il ne s'agit pas d'un comportement opérant, dans ce sens que le bébé imiterait sa mère pour amener celle-ci à faire quelque chose en sa faveur. Le comportement semble en lui-même satisfaisant. Mère et enfant interagissent pour le plaisir d'interagir. C'est pour cette raison que je vois là un comportement social. Il n'est pas nécessaire de donner au bébé de la nourriture, ou un liquide sucré ou quoi que ce soit d'autre pour le motiver à imiter. La joie qu'il tire de cette conduite semble sans rapport avec les gratifications plus fondamentales, telle que la joie qu'il manifeste à manger ou à boire. Il s'agit d'une conduite qui trouve en elle-même son plaisir et sa récompense.

On présente souvent l'argument que les bébés en viennent à trouver du plaisir dans la compagnie humaine simplement à la suite d'une association entre les adultes et le soulagement de la faim ou de la douleur[9]. Le comportement imitatif s'inscrit en faux contre cet argument. Il survient spontanément dès qu'un modèle adulte est présent. Il ne semble dépendre d'aucun facteur motivationnel lié aux besoins physiologiques, et n'est pas utilisé pour obtenir quelque autre récompense. Le bébé nouveau-né imite les gestes faciaux des adultes pour le seul plaisir d'entrer en interaction avec eux.

Un autre comportement que manifestent les nouveau-nés, et qui n'est pas sans rapport avec le précédent, est la *synchronie interactionnelle*. Ce terme désigne une forme de comportement caractéristique de la communication humaine. Lorsque deux personnes appartenant au même groupe culturel conversent ensemble, une analyse détaillée de leurs mouvements révèle qu'ils s'engagent dans une sorte de danse mutuelle[10]. Pendant que l'une parle, elle fait certains mouvements du corps — légers changements posturaux, changements de la position de la tête, etc. —; et celle qui l'écoute fait des mouvements correspondants. Les gens ne se rendent généralement pas compte de ce qu'ils s'engagent dans cette espèce de danse rituelle complexe, mais cela ne l'empêche pas d'avoir lieu.

En fait, quand ce rituel est absent, il risque d'y avoir un défaut ou une perturbation dans la communication. On peut le voir très clairement lors-

---

Fig. 2.8 (*ci-contre*). Un bébé nouveau-né bougeant en synchronie avec les paroles de l'adulte. Au premier mot, la main gauche se lève (2). Ensuite l'index bouge avec chaque syllabe (3, 4, 5). La main droite se lève (6), se déplace vers la gauche (7, 8), et se rabaisse (9).

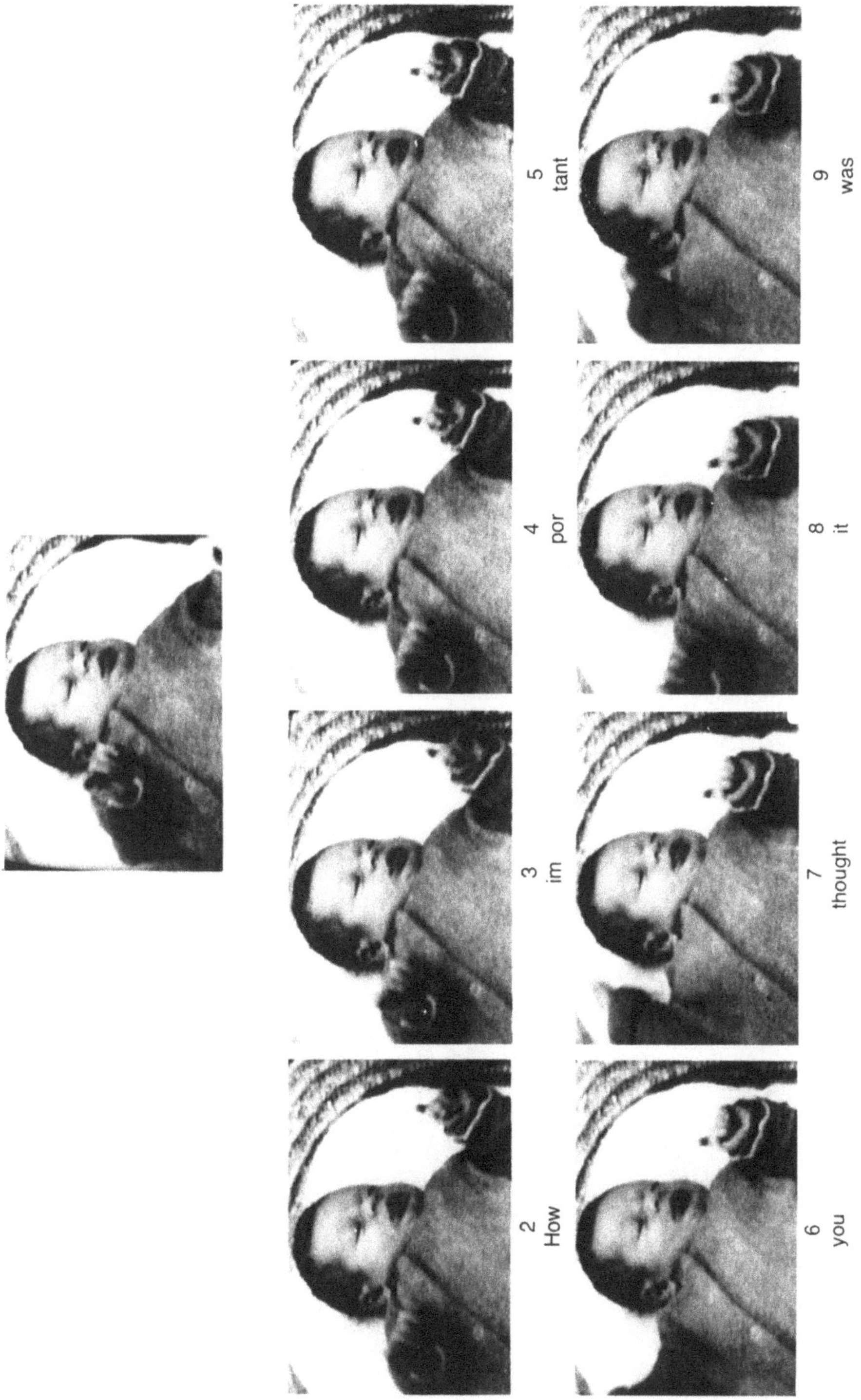

LE MONDE DU NOUVEAU-NÉ 37

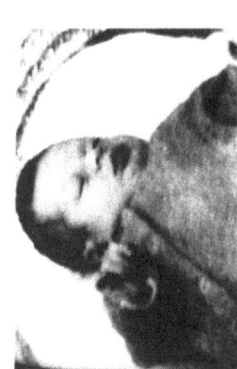

2 How
3 im
4 por
5 tant
6 you
7 thought
8 it
9 was

que deux adultes n'appartenant pas à la même culture essaient de communiquer. Même lorsqu'ils parlent la même langue, le fait que le langage du corps, leurs mouvements corporels, soient très différents, peut les empêcher de se comprendre. On retrouve le même problème dans certaines formes de troubles mentaux. Dans certains cas, le malade ne s'engage pas dans la synchronie interactionnelle. Il n'est pas attentif aux mouvements de l'autre et ne bouge pas en synchronie avec lui.

Chez deux adultes, plus étroite est la synchronie des mouvements au cours de la conversation, plus étroits seront les rapports interpersonnels. En fait, à la manière dont deux personnes bougent pendant une conversation, un observateur entraîné peut dire beaucoup de choses de leur relation. La communication quotidienne dépend très directement de l'attention, peut-être inconsciente, à ces mouvements synchroniques interactionnels. Songeons à tout ce qui est perdu dans une conversation téléphonique par comparaison avec une conversation face à face, ou dans un enregistrement sonore d'une conversation par opposition à un enregistrement filmé ou magnétoscopé.

Tout discours humain s'accompagne ainsi de formes très précises et très subtiles de mouvements du corps, qui véhiculent en fait une grande partie de la signification. Dans une large mesure, ces formes sont spécifiques à chaque culture[11]. Ainsi, des individus appartenant ne serait-ce qu'à des sous-cultures différentes peuvent éprouver des difficultés à communiquer ; chacun d'eux peut émettre des signaux que l'autre ne comprend pas, simplement parce que, tandis qu'ils communiquent verbalement, ils ne communiquent pas à ce niveau non verbal, le niveau des mouvements du corps. Il est réellement surprenant, dès lors, de découvrir que les nouveau-nés humains s'engagent dans des synchronies interactionnelles. Quand des adultes s'adressent à eux, ils bougent leur corps selon des rythmes précis et parfaitement coordonnés aux unités de base du discours de l'adulte.

Condon et Sander ont mené une étude remarquable sur des enfants âgés de douze heures environ[12]. Ils leur ont présenté des enregistrements d'anglais parlé, de sons vocaliques isolés, de bruits de frappe réguliers et de chinois ; ils les ont mis, d'autre part, en présence d'un adulte en chair et en os, et qui parlait. Les nouveau-nés se mouvaient en synchronie précise avec la structure particulière de la parole, qu'elle provienne de l'enregistreur ou d'une personne vivante. Les bruits de frappe ne produisirent aucune réponse, non plus que les sons de voyelles isolées. Bien que tous les bébés fussent nés dans le nord-est des Etats-Unis, ils manifestèrent une synchronie interactionnelle aussi bien avec le chinois qu'avec l'anglais américain courant. Un exemple des danses complexes exécutées par les bébés se trouve à la figure 2.8.

Ce comportement est intrinsèquement social; il est distinctivement social. La synchronie interactionnelle ne fut déclenchée par aucun des sons utilisés dans cette expérience à l'exception de la parole humaine. Cette sorte de communication — ou de communion — revêt naturellement une grande importance dans le sentiment qu'éprouve la mère de recevoir une réponse de son bébé. Il semblerait que certains troubles prénataux peuvent réduire, voire abolir l'aptitude du bébé à la synchronie interactionnelle[13]. Les mères de ces bébés déclarent souvent que leurs nourrissons ne demandent pas à se blottir contre elles, qu'ils ne répondent pas. Sans doute cela signifie-t-il que le bébé n'a pas manifesté ce rituel subtil de la communication qui définit l'échange entre deux êtres humains.

Ces défauts dans la communication peuvent, nous en avons certaines preuves, avoir des effets à long terme sur l'interaction, et sur l'ensemble de la relation mère-enfant. Une mère qui se sent rejetée par son nouveau-né peut le rejeter à son tour[14]. Ces événements sont rares, mais ils constituent le premier exemple décrit jusqu'ici d'un effet à long terme sur le développement d'un événement situé dans la toute première enfance. L'absence de communication d'un bébé avec sa mère dans les jours qui suivent la naissance peut apparemment entraîner une absence de communication prolongée, avec toutes les difficultés que cela implique pour le développement ultérieur.

Le fait que les bébés soient des êtres sociaux dès après la naissance, le fait qu'ils disposent d'un système perceptif hautement développé et d'une étonnante aptitude à apprendre, nous met en mesure de commencer à répondre aux questions que tant de mères se posent: le bébé reconnaît-il sa mère? Me reconnaît-il? etc. Il est clair que le bébé ne peut connaître sa mère à la naissance. Mais combien de temps après atteste-t-il qu'il la connaît? Comme nous pouvons nous y attendre à présent, la réponse est: très très tôt après la naissance.

Dans une expérience, on présenta à des bébés de deux semaines le visage de leur mère ou le visage d'une étrangère à travers une sorte de hublot placé au-dessus de leur berceau[15]. Tantôt la mère était silencieuse, tantôt elle parlait au bébé, et de même pour l'étrangère. Le bébé entendait les voix par l'intermédiaire d'un haut-parleur, de telle sorte que le visage de la mère pouvait être présenté avec la voix de l'étrangère et *vice versa*. Il était parfaitement évident que les bébés reconnaissaient leur mère, car ils regardaient vers elle beaucoup plus fréquemment que vers l'étrangère.

De plus, les bébés paraissaient savoir quel son faisait leur mère, car lorsque voix et visage étaient mal assortis, on observait ce que les psychologues appellent l'*aversion du regard* (*gaze aversion*). Les bébés détournaient la tête comme pour éviter de regarder ce visage d'où sortait une voix incongrue.

Cette étude fournit aussi quelques preuves de ce que, dès l'âge de deux semaines, un bébé s'attend à ce que le visage de sa mère soit accompagné de son corps. Lorsqu'on ne montra aux bébés, à travers le dispositif, que le visage de leur mère, ils présentèrent des comportements assez étranges. Ils regardaient le visage puis s'en détournaient, y revenaient puis s'en détournaient à nouveau, se montrant tendus quand ils détournaient le regard. Parfois ils se détournaient de 90° du visage. Carpenter, qui mena cette recherche, conclut, avec raison, que les bébés étaient surpris et perturbés de voir la tête de leur mère ainsi isolée, présentée en quelque sorte sans que le corps suive. Peut-être étaient-ils également surpris de voir leur mère se borner à les regarder, plutôt que de leur parler ou d'engager avec eux quelque autre mode d'échange social.

Les découvertes sur la synchronie interactionnelle chez le nouveau-né indiquent clairement qu'il n'est pas un être socialement isolé. Dès l'origine, il participe immédiatement et profondément à la communication. Le fait que les bébés reconnaissent leur mère dès l'âge de deux semaines montre que, dès le début de leur existence, ils mettent à profit leur extraordinaire aptitude à apprendre et leurs extraordinaires capacités perceptives pour servir leurs besoins et leurs désirs sociaux. Dès les premiers jours de la vie, les bébés commencent à former des attachements sociaux. D'autres études ont montré que des bébés protestent vigoureusement si, après avoir été soignés pendant quelques jours seulement par une personne, on leur substitue une autre personne[16].

Ainsi, un nouveau-né commence sa vie comme un organisme social extrêmement compétent, comme un organisme également très compétent quant à ses aptitudes à percevoir et à apprendre. Nous allons, dans le chapitre suivant, voir comment il organise ses expériences perceptives pour apprendre, ou acquérir, ou développer des comportements sociaux plus complexes.

NOTES

[1] Lipsitt, 1969.
[2] Siqueland et Lipsitt, 1966.
[3] Wertheimer, 1961.
[4] Bower, Broughton et Moore, 1970a.
[5] Ball et Tronick, 1971.
[6] Dunkeld et Bower, 1976a.
[7] Bower, 1972; Bower, Broughton et Moore, 1970b.
[8] Maratos, 1973; Dunkeld, 1976; Melzoff et Moore, 1975.
[9] Bowlby, 1969.
[10] Condon, 1975.
[11] Birdwhistell, 1970.
[12] Condon et Sander, 1974.
[13] Condon, 1975.
[14] Stott, 1962a.
[15] Carpenter, 1975.
[16] Sander, 1969.

Chapitre 3
Le sourire : un cas étrange

Le premier comportement social évident que manifeste le bébé est bien le sourire. La plupart des parents considèrent le sourire du bébé comme une réponse sociale. Néanmoins, la plupart des psychologues contestent qu'il y ait quoi que ce soit de social dans ce premier sourire. Certains le définissent comme une réaction réflexe à des stimulus très contrastés ; d'autres l'attribuent à quelque plaisir intellectuel. Il existe une autre possibilité : c'est que les jeunes enfants sont réellement capables de toute une variété de sourires, dont un, au moins, est social.

Les comportements sociaux du nouveau-né ne sont pas du tout évidents. Ce n'est pourtant pas le cas pour le sourire du bébé. Tous les parents sont convaincus, la première fois qu'ils voient un vrai sourire fleurir sur le visage de l'enfant, que leur bébé *leur* sourit. Le vrai sourire, qui émerge vers l'âge de six semaines, est une réponse réellement merveilleuse, qui récompense profondément et immédiatement les parents et quiconque la reçoit. A cause de cela peut-être, psychologues et pédiatres ont pris plaisir à essayer de démontrer que ces sourires précoces, si merveilleux, ne s'adressent pas du tout aux personnes, mais qu'ils représentent, en fait, des réponses à une variété d'événements sans rapport avec les êtres humains. Nous décrirons plus loin leurs efforts pour prouver cela.

LE DÉVELOPPEMENT DU SOURIRE

Le sourire n'apparaît pas tout d'un coup à l'âge de six semaines. Le comportement qui émerge à ce moment-là a déjà toute une histoire. On observe des sourires d'un certain type dès les premiers jours qui suivent la naissance. Ces premiers sourires frappent généralement l'observateur comme de faux sourires. Ils concernent la bouche et les joues, mais ne semblent pas atteindre les yeux ni le front. Ils ne semblent pas non plus avoir la tonalité affective, émotionnelle du vrai sourire du bébé. A ce moment de la vie, ils apparaissent spontanément; ils surviennent aussi bien quand le bébé est endormi, ou, en tout cas, lorsqu'il ne prête pas attention à des stimulus du monde extérieur*. Les sourires d'un nouveau-né ne déclenchent pas la joie que provoquent les vrais sourires. La plupart des parents les attribuent au soulagement de flatulences ou à quelque chose de ce genre.

Dès la seconde semaine, ce faux sourire est devenu plus spécifique, et survient le plus souvent en présence des gens; du moins est-ce l'impression que l'on peut en avoir. La voix humaine, par exemple, provoque plus de sourires que le son d'une cloche ou le bruit d'une chaîne. Au cours de la troisième semaine, nous obtenons de vrais sourires (fig. 3.1). Ils ne durent pas aussi longtemps que les véritables sourires sociaux, mais ils sont nettement reconnaissables comme de vrais sourires. Ils ne sont plus spontanés, mais déclenchés par une stimulation du monde extérieur. Le stimulus le plus efficace pour les provoquer est la voix féminine. Les aspects visuels de la personne qui parle ne semblent, à ce stade, jouer aucun rôle; même la vue du visage n'ajoute rien à l'effet de la voix.

Pendant la cinquième semaine, cette situation change; dès l'âge de six semaines, le bébé semble bien sourire au visage humain (fig. 3.2). En fait, le visage humain apparaît comme le stimulus de loin le plus efficace pour déclencher un sourire chez un bébé de six semaines, surpassant largement la voix.

Le sourire témoigne, jusqu'à ce stade, d'une progression développementale caractéristique[1]. Au début, nous assistons à des sourires partiels; plus tard, à des sourires complets. Le premier sourire complet semble bien être déclenché par la voix humaine; plus tard, le stimulus détermi-

---

* Les jeunes bébés ne sont pas sans plus «éveillés» ou «endormis». On a décrit chez eux six niveaux de vigilance. Seul le niveau le plus élevé, «éveillé et attentif, avec les yeux ouverts» correspond à ce que l'on désigne habituellement par le terme «éveillé».

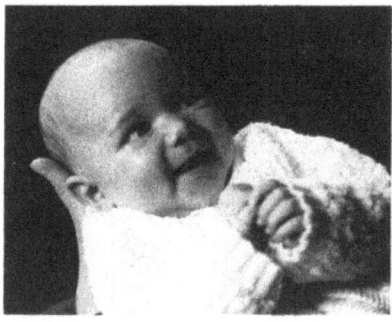

Fig. 3.1. Le bébé qui «sourit» ici n'est âgé que de trois semaines (photo de Jennifer G. Wishart).

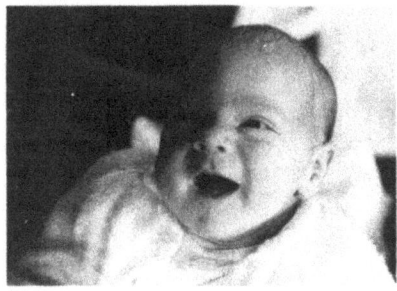

Fig. 3.2. Sourire complet chez un bébé de six semaines (photo de Jennifer G. Wishart).

nant n'est plus la voix mais le visage. C'est là une progression développementale intéressante, et de toute évidence entièrement déterminée par les mécanismes de croissance et par l'expression des gènes. On peut affirmer cela avec une certaine assurance, car les preuves nous viennent de l'expérimentation naturelle. Celle-ci est, dans ce cas, possible, puisque tous les bébés ne naissent pas après la période normale de gestation de quarante semaines. Certains naissent avant que leur *âge conceptionnel*, c'est-à-dire l'âge mesuré à partir de la conception, ait atteint quarante semaines; d'autres naissent plus tard. Plusieurs recherches ont montré que les bébés commencent à sourire à un visage humain à l'âge conceptionnel de quarante-six semaines[2]. A ce moment-là, l'âge chronologique du bébé peut être six semaines, il peut être dix-huit semaines ou seulement deux semaines, selon l'âge conceptionnel à la naissance. Si nous voulons prédire quand un bébé donné sourira à un visage humain, nous devons oublier son âge chronologique et ne considérer que son âge conceptionnel. Les bébés sourient à l'âge conceptionnel de quarante-six semaines, indépendamment de leur âge chronologique, quel que soit le temps écoulé depuis qu'ils sont au monde.

Le sourire qui survient à cet âge, apparemment dirigé vers le visage humain, a depuis longtemps été appelé *sourire social*. Les parents l'interprètent invariablement comme un acte social : le bébé sourit à sa mère, à son père, à sa grand-mère, etc. Cette interprétation naïve du sourire du bébé nous amène à sourire en retour et à commencer à traiter le bébé comme l'un d'entre nous. Bien que les parents tirent de la joie des sourires que leur bébé leur adresse, les psychologues, depuis quelques années, soutiennent que ces sourires ne sont pas du tout sociaux. Ils prétendent que, lorsque le bébé sourit au visage humain, il ne sourit pas vraiment au visage, mais à quelque chose de beaucoup moins humain.

SOURIRE ET DÉVELOPPEMENT PERCEPTIF

Il y a plusieurs années, on découvrit qu'il n'est pas nécessaire de présenter un visage entier pour faire sourire un bébé. Un masque grossier, un disque orné de deux taches, suffirait à déclencher le sourire, apparemment aussi bien que ne le ferait un vrai visage. Nous pourrions imaginer que le nouveau-né est simplement incapable de faire la différence entre un visage et un disque avec deux taches, qu'il ne remarque pas qu'il manque au disque un nez, des cheveux, des oreilles, une bouche, etc. Cette idée n'est vraiment pas très plausible, compte tenu de ce que nous savons des aptitudes perceptives du nouveau-né décrites plus haut. Un bébé est capable de percevoir une langue et une bouche suffisamment bien pour imiter leurs mouvements avec sa propre langue et sa propre bouche. Il est peu vraisemblable qu'il ne remarque pas leur absence quand il regarde le disque orné de deux grosses taches. Quoi qu'il en soit, l'idée d'une telle confusion devient moins soutenable encore si nous examinons d'autres stimulus qui provoquent le sourire chez les bébés de six semaines.

L'un des plus efficaces est une carte avec trois paires de points. Une carte avec trois paires de points est plus efficace qu'une carte avec une seule paire de points; en fait, elle est plus efficace que le visage humain lui-même[3]. Si le bébé est capable de faire la différence entre six points et deux points, il est certainement capable de faire la différence entre deux points et un visage entier; et c'en est fait des spéculations du paragraphe précédent. Il n'est pas non plus imaginable que le bébé puisse confondre six points et le visage humain. Six points ne font pas un visage, et pourtant ils déclenchent plus de sourires que le visage. De tels résultats ont amené nombre de chercheurs à affirmer que le sourire que nous disons social n'est pas du tout un sourire au sens adulte du terme.

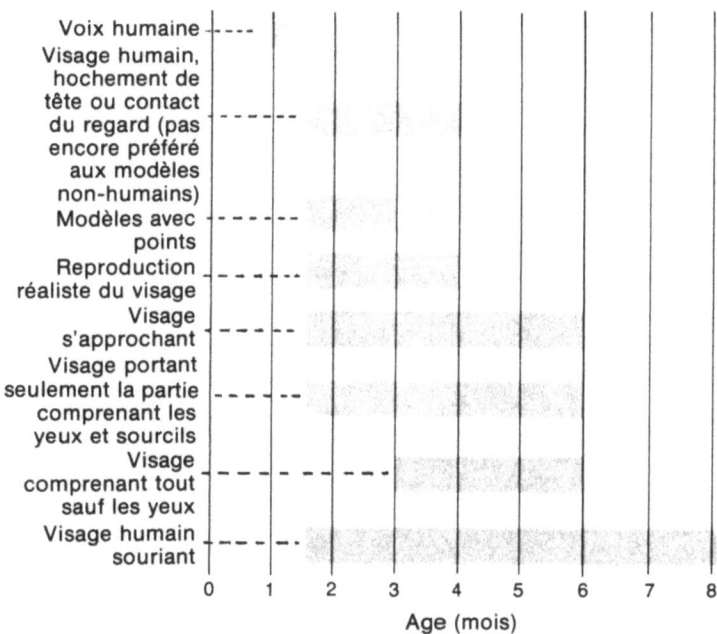

Fig. 3.3. Les stimulus qui déclenchent le sourire chez le bébé deviennent de plus en plus spécifiques au visage humain.

Il s'agirait simplement d'un comportement déclenché par des stimulus hautement contrastés, particulièrement des paires de stimulus — deux taches noires sur fond blanc, ou mieux encore six taches sur fond blanc —, déclenché par des stimulus qui n'auraient rien de spécifiquement humain. Il s'ensuit que les bébés sourient à un visage humain, non parce qu'il représente quelque chose de particulier, mais simplement parce que tout visage comporte deux zones d'ombre, les iris des yeux, entourées de deux zones blanches, le blanc des yeux, et parce que cette paire de stimulus hautement contrastés provoque un sourire comme ferait n'importe quelle paire de stimulus hautement contrastés[4].

La plupart des théoriciens qui soutiennent que les bébés sourient à des stimulus hautement contrastés se heurtent au problème suivant : comment se fait-il que les bébés en viennent à un moment précis à sourire au visage humain ? Le type de stimulus qui déclenche les sourires change radicalement avec l'âge, comme le montre la figure 3.3. Assurément, à l'âge de quatre mois, le bébé ne sourira pas devant six points. Il y faudra un visage complet, et si possible un visage familier. Comment expliquer que le bébé en vienne à sourire spécifiquement à des visages s'il commence par sourire à des figures fortement contrastées ? Une manière d'expliquer cela consiste à dire que le bébé, en souriant aux stimulus contrastés du visage humain, déclenche tant d'affection attentive de la part des personnes qui l'entourent qu'il associe les autres caractéristiques du visage humain avec le plaisir, le plaisir qu'il tire de l'attention qu'on lui porte. En conséquence, il commence à sourire avec plaisir chaque fois qu'il voit un visage humain. D'après cette interprétation, le sourire initial à des taches contrastées s'ajoute au plaisir qui est la conséquence de ce comportement pour produire un sourire spécifique dirigé vers les êtres humains.

Cette théorie du développement du sourire est, en fait, fort compliquée. Elle suppose deux causes au sourire : l'une extérieure, une paire de taches fortement contrastées ; et l'autre intérieure, le plaisir ou le sentiment de plaisir associé aux marques d'attention de l'entourage. Puisque le sourire déclenché par deux taches entraîne l'attention des adultes, laquelle à son tour procure du plaisir au bébé, ce qui produit plus de sourires, le sourire, au total, se trouve associé avec les caractéristiques du visage humain adulte. Dès lors, quand un bébé voit un visage, il sourit en partie parce qu'il voit une paire de stimulus hautement contrastés, et en partie parce qu'il attend quelque plaisir de son interaction avec l'adulte. Telle est la théorie.

SOURIRE ET DÉVELOPPEMENT COGNITIF

La théorie que nous venons de résumer tend en quelque sorte à déshumaniser le sourire. Cependant, il existe d'autres théories et d'autres recherches qui suggèrent que même le sourire aux taches contrastées est une réponse dérivée ou apprise, et que la vraie cause du sourire est quelque chose de beaucoup plus subtil et de plus fondamental.

Il y a de nombreuses années, on pensait que les bébés sourient parce qu'ils associent les visages au soulagement des malaises de la faim ou de la soif. On démontra que ce n'est pas le cas dans une recherche assez curieuse où un couple de jumelles fut élevé sans avoir jamais l'occasion de voir un vrai visage humain[5]. Dès la naissance, elles furent habillées, nourries, changées, baignées de telle sorte qu'elles n'eurent jamais la moindre chance d'associer le visage humain avec les satisfactions et les soulagements qu'apportent ces activités. Néanmoins, elles commencèrent à sourire à l'heure — comme les bébés normaux à l'âge conceptionnel de quarante-six semaines. Nous aboutissons à la même conclusion si nous regardons les prématurés, qui ont eu une expérience beaucoup plus longue que les bébés normaux des soulagements agréables liés à la présence des adultes. Ils ne commencent pas à sourire plus tôt, en âge conceptionnel, que les bébés nés à terme, ni même que les bébés nés avec retard et qui ont, des interventions de l'adulte, une expérience plus courte.

Il semble dès lors que l'hypothèse selon laquelle le premier sourire est une réponse apprise, résultant de l'association du visage humain avec le soulagement de l'inconfort, est, en fait, une hypothèse incorrecte. Pourtant, une variante plus ingénieuse de cette hypothèse a été proposée récemment par J.S. Watson. Watson n'était pas, à l'origine, particulièrement intéressé par les causes des premiers sourires de l'enfant. Il étudiait les capacités d'apprentissage des jeunes bébés, leur aptitude à détecter une relation de dépendance entre un comportement donné et un événement du monde extérieur.

Dans l'expérience discutée au chapitre 2, des enfants nouveau-nés apprenaient à tourner la tête à droite ou à gauche pour recevoir un peu de substance sucrée. Il y avait là une relation de dépendance entre une action accomplie par le bébé et l'octroi d'un peu de nourriture dans la bouche. Il existe aussi de nombreuses démonstrations d'un apprentissage dans des situations où aucune nourriture n'est fournie. Par exemple, des bébés tourneront la tête pour amener un adulte à leur «faire coucou», ou pour allumer un projecteur et avoir quelque chose à regarder. Ils frapperont des pieds ou apprendront à tirer une ficelle pour faire tourner un mobile[6]. Dans tous les cas, le bébé apprend que l'un de ses propres comportements entraîne un effet prévisible sur le monde qui l'entoure.

Watson remarqua qu'au cours de ce processus de détection d'une relation de dépendance, le bébé sourit vigoureusement. Ces sourires semblent provoqués par la découverte de la relation et manifester le plaisir qu'éprouve le bébé à avoir réussi à détecter ce qu'il faut faire pour que survienne un événement particulier[7]. En d'autres termes, le sourire traduit un plaisir intellectuel, le plaisir d'avoir découvert quelque chose de la structure causale de l'univers, et le plaisir d'en contrôler une partie. A première vue, ce genre d'affirmation semble dépasser les limites de la crédibilité. Qui irait imaginer que les nouveau-nés soient susceptibles de plaisir intellectuel? Qui songerait même à les traiter comme des êtres intellectuels? Pourtant, je pense qu'il existe des preuves évidentes de ce que les bébés tirent un grand plaisir de la solution de problèmes, de la maîtrise intellectuelle d'une fraction de leur environnement, de la compréhension de quelque aspect de la structure causale du monde qui les entoure.

En fait, il semble aujourd'hui que notre réticence à admettre que les bébés sont capables de plaisir intellectuel soit responsable de la plupart des difficultés que nous avons rencontrées pour démontrer la présence d'apprentissages chez les jeunes enfants. Des nouveau-nés sont tout à fait heureux d'apprendre pour recevoir un peu de substance sucrée ; d'autres bébés, dans d'autres expériences, ont été heureux d'apprendre à allumer un projecteur, à faire bouger un mobile, ou à faire surgir un adulte dans un jeu de « coucou-coucou ». Le psychologue tchèque Papousek a découvert que les caractéristiques réelles des événements produits par le bébé sont sans grande importance[8]. Ce qui est important, c'est la relation entre un comportement donné et un événement dans le monde extérieur. Les bébés apprennent, en fait, jusqu'à ce qu'ils découvrent exactement lequel de leurs comportements provoque l'événement. A ce moment-là, on observe un vigoureux sourire et des vocalisations qui ne sont pas dirigés vers l'événement particulier, mais semblent plutôt traduire quelque plaisir intérieur.

Papousek remarqua aussi que les bébés, dès qu'ils ont découvert la relation, sont très contents de s'arrêter et ne s'y remettent que si la relation est modifiée. Par exemple, quand un bébé a appris qu'en tournant la tête à droite, il peut allumer une lumière, il ne produira plus de mouvements de tête à droite de façon particulièrement fréquente. Cependant, si l'on change la relation de telle sorte que ce soit désormais un mouvement vers la gauche qui déclenche la lumière, il découvrira tôt ou tard que le mouvement vers la droite n'a plus pour effet d'allumer la lumière, et l'on assistera à un rapide regain d'activité jusqu'à ce que le bébé découvre quel est le mouvement nécessaire pour allumer. A ce moment-là, il y aura à nouveau un vigoureux sourire, des vocalisations et un fléchissement de l'activité. Si l'on complique encore le problème — par exemple en exigeant un mouvement à gauche puis un mouvement à droite —, le processus recommencera. Le bébé découvrira qu'un mouvement à gauche n'a plus à lui seul aucun effet. Il y aura regain d'activité. Le bébé finira par découvrir la combinaison de mouvements appropriée, et l'activité diminuera.

Papousek réussit à amener de jeunes bébés, dans cette situation, à maîtriser des problèmes extrêmement complexes. Par exemple, ils apprirent à faire deux rotations vers la droite suivies de deux rotations vers la gauche, ou encore une double alternance droite-gauche, droite-gauche. Dans tous les cas, on observa beaucoup de sourires chaque fois que le bébé avait résolu le problème. Une fois le problème résolu, le bébé n'essayait plus d'allumer la lampe ; la lampe en elle-même n'était donc pas la raison des sourires. La conclusion s'impose : c'était le plaisir de résoudre le problème qui provoquait le sourire.

D'autres expérimentateurs ont observé la même chose. Ainsi, Hunt et Uzgiris ont présenté des mobiles identiques à deux groupes d'enfants au berceau[9]. Pour un groupe, les mobiles étaient mis en mouvement par l'expérimentateur et les bébés n'avaient aucun contrôle sur eux. Pour les bébés de l'autre groupe, les mobiles étaient attachés au berceau de telle façon que les bébés puisse les mettre en mouvement en faisant bouger leur berceau. Ces bébés manifestèrent clairement des comportements de sourire et de roucoulement dès qu'ils réussirent à contrôler les mobiles. Ceux de l'autre groupe regardaient les mobiles mais ne sourirent ni ne roucoulèrent d'une manière significative.

Watson réalisa une expérience semblable avec des enfants de six à huit semaines[10]. Un groupe de bébés pouvait contrôler ses mobiles ; l'autre groupe non. Au moment précis où les bébés du premier groupe réalisaient qu'ils exerçaient un contrôle, moment repérable à la quantité d'activité de contrôle à laquelle ils s'adonnaient, ils commençaient à sourire vigoureusement. Ils commençaient à sourire dès l'instant où ils avaient découvert la relation.

Watson travailla aussi dans une situation clinique avec un bébé beaucoup plus âgé, un bébé de huit mois environ dont le développement était bloqué. L'enfant n'avait presque pas bougé depuis la naissance, et on ne l'avait jamais vu sourire. Watson donna à l'enfant un mobile qu'elle pouvait contrôler par des mouvements de la tête, du bras ou du pied. Après avoir été exposée deux heures à cette situation, elle se mit à bouger plus qu'elle n'avait jamais bougé auparavant. Ce qui fut plus surprenant encore, et en confirmation frappante de l'hypothèse de Watson, c'est que le bébé, dans cette situation impliquant une relation de dépendance, se mit, pour la première fois de sa vie, à sourire. Ce bébé particulier avait certainement été l'objet d'une attention humaine généreuse et avait certainement été exposé régulièrement à des visages humains. Néanmoins, les premiers sourires, apparus à huit mois, surgirent dans cette situation caractéristique. Il semble bien que, pour ce bébé aussi, le plaisir de contrôler l'objet, de contrôler un aspect de son environnement, fut l'événement critique qui déclencha le sourire.

J'ai moi-même travaillé avec un bébé aveugle qui, à huit semaines, ne souriait pas du tout[11]. Il était aveugle de naissance et, naturellement, avait été privé de toutes les stimulations visuelles qui, normalement, provoquent le sourire. Cependant, lorsqu'on lui présenta un « mobile auditif », sur lequel il pût exercer un contrôle, de telle sorte qu'en bougeant les jambes, il produise un changement du son, il se mit à sourire et à roucouler. Les sourires étaient vigoureux et intenses. Normalement, à cet âge, nous ne parvenons plus à provoquer le sourire par des sons, surtout pas par des sons mécaniques tels que ceux qui furent utilisés dans cette expérience. Néanmoins, dès que le bébé put exercer le contrôle sur cet événement du monde extérieur, il commença à sourire. Les objets stimulus, dans ce cas, étaient de petites clochettes. Avant l'expérience, le son de ces clochettes n'avait pas entraîné le sourire du bébé, et les clochettes, par elles-mêmes, ne le provoquèrent jamais. Nous n'observâmes le sourire, à cet âge précoce, que lorsqu'il exerça le contrôle sur les clochettes.

Le problème est maintenant de passer du sourire comme conséquence du plaisir d'avoir résolu un problème au sourire en réponse au visage humain. Watson souligne que, dans le monde occidental, les jeunes enfants ont beaucoup de chances de se voir présenter des relations de dépendance qu'ils peuvent détecter dans des situations de jeu avec l'adulte. En fait, les jeux que les adultes jouent avec les enfants sont tous, fondamentalement, des jeux de découverte de relations de dépendance. L'adulte s'assied en face du bébé, et chaque fois que le bébé ouvre les yeux tout grands, l'adulte lui touche le nez, pousse le doigt sur son ventre, souffle sur lui, ou fait quelque chose de ce genre. Chaque fois que le bébé bouge le bras, l'adulte lui fait une grimace, ou chaque fois que le bébé frappe du pied, l'adulte s'écrie « Boû... ». Tous ces jeux donnent au bébé l'occasion de découvrir une dépendance (une *contingence*, au sens où l'anglais use de ce terme [*NdT*]) entre l'un de ses propres comportements et un événement du monde extérieur.

A mesure que l'enfant joue ces jeux avec des adultes, il en vient à associer les plaisirs inhérents à la solution des problèmes avec la présence des adultes. Comme le dit Watson, « le jeu de détection de contingences n'est pas important pour l'enfant parce que ce sont les gens qui le jouent ; au contraire, les gens deviennent importants pour l'enfant parce qu'ils jouent à ce jeu avec lui »[12].

Si étrange qu'elle puisse paraître, cette hypothèse s'accorde avec les faits décrits ci-dessus. Elle explique aussi certaines données assez curieuses d'une étude plus ancienne. Il y a quelques années, Watson découvrit qu'un visage placé dans la même orientation que le visage du bébé était plus efficace pour provoquer le sourire[13]. Le bébé occidental voit ordinairement le visage de sa mère sous un angle de 90° pendant qu'elle le nourrit, le lave, le change ou même le met dans le bain. C'est seulement lorsqu'un adulte joue à un jeu de détection de contingences avec le bébé que ce dernier voit un visage d'adulte dans une orientation exactement identique à celle de son propre visage. Malgré la plus grande familiarité et la fréquence des autres orientations, c'est l'orientation à 0° qui se révèle la plus efficace pour entraîner le sourire. En fait, pour un bébé de quatorze semaines, un visage à 0° est deux fois plus efficace pour déclencher le sourire qu'un visage à 90° ou à 180°.

Cette découverte met sérieusement en question la thèse qui veut que les bébés ne sourient qu'à des taches nettement contrastées. Il y a des contrastes bien tranchés dans un visage à 90°, comme dans un visage à 180°, mais ils ne sont pas aussi efficaces que ceux d'un visage à 0°. La seule explication plausible est, semble-t-il, celle de Watson, pour qui le sourire est une réponse au plaisir qui résulte de la solution de problèmes, et pour qui les visages sont associés à ce plaisir — les visages dans l'orientation particulière qu'adoptent les adultes lorsqu'ils jouent avec l'enfant.

C'est là l'étrange cas du sourire, ce comportement qui paraît éminemment social à la plupart des parents, et tout à fait non social à beaucoup de psychologues. Cette réponse est-elle provoquée par des événements du monde extérieur? Est-elle spécifiquement une réponse aux personnes? Traduit-elle le plaisir intellectuel? Qu'en est-il exactement? Une autre possibilité est que tout ce débat est mal posé. Je pense que nous desservons énormément le nouveau-né quand nous parlons «du sourire» ou de «la réponse de sourire». Nul ne songerait à parler *du* sourire de l'adulte; les adultes ont beaucoup moins de sourires — le sourire méprisant, le sourire triomphant, le sourire satisfait, le sourire accueillant, le sourire entendu, etc. Personne n'a fait au jeune bébé la faveur de regarder ses sourires pour voir s'ils ne sont pas, en réalité, qualitativement différents dans différentes situations (fig. 3.4). Il y a longtemps que Washburn étudia les sourires de bébés plus âgés et découvrit qu'il existait toute une variété de sourires différents correspondant à des situations différentes tout aussi nombreuses[14].

Il se peut que les interprétations discutées jusqu'ici soient toutes correctes — que les bébés sourient aux visages d'une manière sociale, et que les bébés sourient du plaisir qu'ils éprouvent lorsqu'ils parviennent à contrôler un mobile. On décrit souvent le sourire adressé aux personnes comme câlin ou coquin dans les premières semaines de son apparition; alors que le sourire en présence de mobiles, ou de situations impliquant des contingences n'a jamais, à ma connaissance, été décrit en ces termes. De même, certains chercheurs qui ont découvert que les bébés sourient

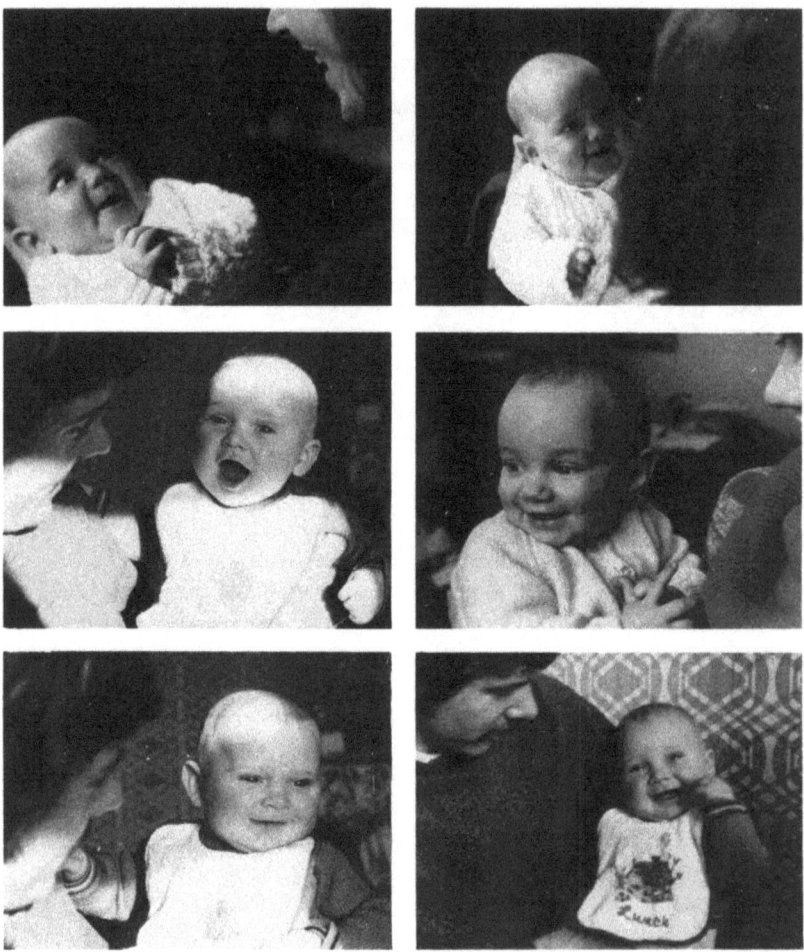

Fig. 3.4. Il est évident que tous ces sourires ne sont pas les mêmes. Est-il raisonnable, dès lors, de leur attribuer à tous une cause unique? (photos de Jennifer G. Wishart).

à des lampes clignotantes, ou à trois paires de points noirs, ont indiqué que, au début, les bébés semblent légèrement étonnés. Il est parfaitement possible que les bébés trouvèrent ces stimulations comiques. Les adultes sourient quand ils voient quelque chose de drôle; pourquoi les bébés n'en feraient-ils pas autant? Il n'y a pas de raison pour qu'ils ne trouvent pas les mêmes choses drôles comme nous.

Il me semble que la solution de cet étrange cas du sourire reste encore à découvrir. Nous devrons examiner les situations qui provoquent le sourire — toutes les situations auxquelles il a été fait allusion dans ce chapitre — et regarder de plus près le comportement. Il se peut que les sourires diffèrent selon les situations, que le bébé présente un sourire social, un sourire d'apaisement, un sourire de triomphe, etc. Nous savons qu'il en va bien ainsi vers la fin de la première année. Il est possible qu'à l'aide de techniques plus précises, telles des enregistrements cinématographiques à grande vitesse, par exemple, nous puissions retrouver ces distinctions dans une forme embryonnaire à des âges beaucoup plus précoces. Je ne crois pas que nous parviendrons jamais à une solution aussi longtemps que nous nous obstinerons à penser qu'il n'existe qu'un seul sourire. Très tôt dans la vie, il y en a certainement toute une variété. Ces sourires ont sur nous des effets différents ; on peut assurément penser qu'ils ont aussi des causes différentes.

NOTES

[1] Wolff, 1963.
[2] Dittrichova, 1696, p. 165.
[3] Ahrens, 1954.
[4] Schaffer, 1971.
[5] Dennis, 1938.
[6] Bower, 1966a ; Lipsitt, 1969 ; Watson, 1966a.
[7] Watson, 1973.
[8] Papousek, 1969.
[9] Hunt et Uzgiris, 1964.
[10] Watson, 1973.
[11] Bower, 1976a.
[12] Watson, 1973, p. 339.
[13] Watson, 1966a.
[14] Washburn, 1929.

Chapitre 4
La genèse des attachements

L'apparition vers l'âge de huit mois, de la peur des étrangers et de l'angoisse de séparation indique la formation d'un attachement net entre la mère et le jeune enfant. La raison en serait, soi-disant, que le bébé en est arrivé à identifier sa mère avec la pourvoyeuse universelle des nourritures et des plaisirs ; le départ de la mère signifierait la perte de ces exigences fondamentales. Le phénomène des attachements entre enfants, où la nourriture ne joue aucun rôle, suggère une autre explication. L'attachement qui se forme entre une mère et son enfant est, en fait, un canal de communication très riche — une forme de communication non verbale éminemment spécifique à ces deux êtres humains. Aussi, l'approche d'un étranger, ou le départ de la mère suscitent-ils la peur précisément parce que le bébé a appris à communiquer, mais seulement avec une seule autre personne.

Le sourire est un comportement social agréable. Il est aussi l'aspect le plus significatif du développement social au cours de la première moitié de la première année. La seconde moitié est marquée par l'émergence de comportements d'une tonalité effective beaucoup moins plaisante. Vers l'âge de huit mois, le bébé commence à manifester nettement une peur des étrangers. A ce stade, à l'approche d'un adulte qu'il ne connaît pas, le bébé se met à pleurer, à crier, à faire n'importe quoi pour éviter la rencontre. S'il en a la possibilité, il tentera de se sauver en rampant. Un peu plus tard, le bébé commencera aussi à manifester sa peur de la séparation d'avec la mère. Cette séparation entraîne des efforts pour rejoindre la mère, des hurlements, des pleurs, la prostration et autres marques de détresse. Ces deux types de comportements constituent des signes certains de ce que le bébé a formé un attachement social critique.

PEUR DE L'ÉTRANGER ET ANGOISSE DE SÉPARATION

Pareillement au sourire, la peur de l'étranger et l'angoisse de séparation ne jaillissent pas tout soudain de la tête du bébé à l'âge de huit mois. Dès le début, le bébé manifeste une préférence nette pour sa mère. A deux semaines déjà, il montre une certaine aversion lorsqu'un étranger lui parle, particulièrement si l'étranger s'adresse à lui avec la voix de sa mère[1]. Ce comportement n'est assurément pas sans rapports avec l'anxiété que nous observons à huit mois. De même, dès les premières semaines, les bébés manifestent leur malaise si un étranger prend soin d'eux en l'absence de leur mère; il pourrait y avoir là une ébauche de l'angoisse de séparation.

D'autres comportements négatifs envers les personnes étrangères se font jour entre les premières semaines et l'âge de huit mois. Ambrose a observé que les bébés de quatorze semaines regardent fixement les étrangers, plutôt que de leur sourire, comme ils font envers les personnes familières[2]. D'autres chercheurs ont signalé que des bébés de quatre à cinq mois se bloquent littéralement lorsqu'un adulte étranger s'approche d'eux[3]. Ils restent assis complètement immobiles, retenant leur souffle, ne bougeant pas le moindre muscle. Ce type de blocage, chez les animaux, est considéré comme un indice de la peur, et il semblerait raisonnable de conclure qu'il traduit également la peur chez les bébés. Aucun de ces comportements précoces, cependant, ne présente l'intensité des réactions que l'on observe à huit mois (fig. 4.1). La peur des étrangers, au sens classique, surgit à cet âge — et va en s'accentuant. Elle atteint son sommet au cours de la seconde année, puis va en déclinant.

Il existe une curieuse interaction entre la peur d'une personne étrangère et la peur d'un lieu étranger. Un bébé approché par une personne étrangère, dans des conditions habituelles, exprimera de la peur. Si, cependant, le bébé se trouve dans un environnement nouveau, étranger pour lui, particulièrement en plein air, il s'approchera spontanément de l'étranger et demandera, à sa façon, à être pris[4]. Il existe aussi une interaction curieuse entre la peur de l'étranger et la présence de la mère. Il est rare qu'un bébé assis sur les genoux de sa mère manifeste de la peur

Fig. 4.1. La réaction d'un bébé de huit mois aux tentatives d'un étranger pour communiquer avec lui (photos de Jennifer G. Wishart).

lorsqu'un étranger s'approche de lui. Dans un environnement étranger et en l'absence de sa mère, il ne témoignera peut-être pas non plus de la peur de l'étranger. Cependant, un bébé dont la mère est présente, mais ne le tient pas, pourra manifester une peur de l'étranger beaucoup plus forte que dans aucune autre situation. C'est là un fait tout à fait curieux.

L'angoisse de séparation apparaît un peu plus tard que la peur de l'étranger. Il est typique que le bébé proteste à toute séparation, à toute perte de contact avec la mère ou avec la personne qui prend habituellement soin de lui. Un bébé que sa mère vient de quitter rejette généralement toute tentative faite par d'autres pour le consoler. Dans le cas d'une séparation prolongée, le bébé pourra tomber dans un état d'apathie, avant de rétablir finalement des relations avec les personnes qui le soignent. Au retour de la mère, il s'agrippera à elle violemment, mais tout à la fois se montrera négatif, l'ignorant à l'occasion, ou faisant mine de ne pas la reconnaître. L'angoisse de séparation chez le bébé est un spectacle désolant ; il suscite beaucoup de compassion chez tous ceux qui en sont témoins. Une compassion bien impuissante, car toutes les tentatives de consolation ne mènent à rien. Au contraire, elles semblent ajouter encore à la détresse de l'enfant.

L'expression *angoisse de séparation* se réfère généralement à l'angoisse qu'éprouve l'enfant lorsqu'il est séparé de sa mère ou de la personne qui prend habituellement soin de lui. En fait, dans une étude approfondie, Schaffer et Emerson trouvèrent que la mère n'est nullement l'objet exclusif de l'angoisse de séparation[5]. Apparemment, certains bébés ne se soucient pas d'être séparés de leur mère, mais protestent douloureusement à toute séparation d'avec leur père. Parfois les grands-parents constituent l'objet privilégié. On prétend que, au début en tout cas, l'angoisse de séparation n'a, normalement, qu'un seul objet; l'enfant protesterait quand on le sépare de sa mère, mais non de son père. Pourtant, plus d'un tiers des bébés, dans cette étude, manifestèrent d'emblée l'angoisse de séparation pour deux personnes. Ils étaient donc attachés à plus d'une personne au moment où apparaît l'angoisse de séparation.

Vers l'âge de dix-huit mois, treize pour cent seulement de ces bébés manifestaient l'angoisse de séparation pour une seule personne, et près d'un tiers du groupe protestaient au départ de cinq personnes différentes. En règle générale, il semble donc que le bébé développe un fort attachement envers un seul individu, dont le départ provoque l'angoisse de séparation. A mesure qu'il grandit, le bébé forme de plus en plus d'attachements, et le départ de l'une, quelconque, de ces personnes peut provoquer l'angoisse de séparation. Si ce schéma de passage de l'attachement singulier à l'attachement multiple constitue la règle, il n'en est pas pour autant universel. Comme nous l'avons noté plus haut, plus d'un tiers des bébés du groupe étudié montrèrent d'emblée des attachements multiples.

L'angoisse de séparation et la peur de l'étranger ont, à juste titre, retenu l'attention des psychologues et des pédiatres. Il est en effet presque inévitable que tout enfant soit séparé de sa mère pour quelques heures ou quelques jours au cours de sa première enfance. Il serait donc dans l'intérêt de tous d'atténuer le désagrément de ces séparations. Il est de même pratiquement impossible pour un bébé d'éviter les étrangers dans le cours de la vie quotidienne normale.

LES THÉORIES CLASSIQUES SUR L'ANGOISSE DE SÉPARATION

Toute une variété de théories ingénieuses ont été proposées, qui relient la peur de l'étranger et l'angoisse de séparation. Il y a de nombreuses années déjà, Spitz suggérait que le bébé manifeste une peur des étrangers parce que la vue de ceux-ci lui rappelle que sa mère n'est pas là[6]. En d'autres termes, la peur de base est l'angoisse de séparation, et la peur de l'étranger n'en est qu'un dérivé. Certes, l'absence de la peur de l'étranger lorsque l'enfant se trouve sur les genoux de la mère constitue un argument en faveur de l'hypothèse de Spitz. Cependant, le fait que cette même peur puisse aussi disparaître en l'absence totale de la mère me paraît un argument en sens opposé. S'il est possible que peur de l'étranger et angoisse de séparation soit liées — nous reviendrons sur cette question plus loin —, je ne pense pas que la relation soit aussi simple que l'implique l'hypothèse de Spitz.

Quelles sont les causes de l'angoisse de séparation ? La cause immédiate — le départ de la mère —, est évidente, mais comment se fait-il que ce départ provoque ce comportement pathétique que nous appelons angoisse de séparation ? Selon une théorie largement acceptée, au cours de la première enfance, l'absence de la mère aurait été associée avec l'inconfort, tout comme sa présence aurait été associée avec le soulagement de l'inconfort. Dès lors, par les mécanismes de l'*apprentissage associatif*, le bébé en viendrait à anticiper l'inconfort chaque fois que sa mère le quitte.

Bien que largement acceptée, cette théorie ne rend pas compte d'une grande partie des faits. Schaffer et Emerson trouvèrent par exemple que près de vingt pour cent des bébés de leur étude avaient comme objet de leur angoisse de séparation une personne qui n'avait jamais pris aucune part à leurs soins physiques — absolument aucune[7]. Les personnes en question n'avaient jamais soulagé les bébés de l'inconfort physique, de telle sorte que leur départ pouvait difficilement signaler la menace d'un inconfort à venir. Et pourtant, ils étaient l'objet de l'angoisse de séparation. Leur départ provoquait exactement autant de protestations que le départ d'objets plus conventionnels chez d'autres bébés.

Schaffer suggère que la caractéristique qui détermine si oui ou non un adulte particulier deviendra objet de l'angoisse de séparation du bébé est l'attention sociale que cet adulte témoigne à l'enfant[8]. En d'autres mots, ce ne sont pas les soins physiques qui comptent pour le bébé, mais l'attention sociale et l'interaction sociale. Cette observation est un défi sérieux aux théories classiques de l'angoisse de séparation.

De nombreux autres faits vont dans la même direction. Robertson, qui a fait beaucoup de recherches sur les moyens d'atténuer les angoisses de séparation, a trouvé que la présence d'un frère ou d'une sœur constitue un facteur décisif, même lorsque le frère ou la sœur est un bébé plus jeune[9]. Si l'on peut imaginer qu'un enfant plus âgé puisse jouer un rôle de pourvoyeur de nourriture dans la vie d'un cadet, dans les limites d'âge envisagées ici — bébés et bambins de 2 à 4 ans — il est moins que probable que des enfants plus jeunes aient jamais joué ce rôle vis-à-vis de leurs aînés. Et pourtant, la présence du cadet atténue l'angoisse de séparation chez l'aîné.

De même, de nombreuses données recueillies chez des bébés jumeaux, concernant à la fois l'angoisse de séparation et les effets de la séparation l'un de l'autre, s'inscrivent en faux contre les théories classiques. Dans le cas de mes propres filles jumelles, la première séparation survint lorsqu'elles allaient juste avoir un an. Elles furent séparées parce que l'une des deux était malade et nous voulions éviter que l'autre contracte l'infection. Malgré la présence des deux parents, la jumelle saine manifesta une singulière angoisse de séparation. Elle rampa hors de son berceau et tenta d'arriver dans la chambre où se trouvait sa sœur malade. Lorsqu'on l'emmena dans cette chambre, elle se mit à pleurer avec obstination, et ne s'apaisa que lorsqu'on voulut bien sortir sa sœur. Quand on les sépara à nouveau, les mêmes protestations violentes reprirent de plus belle. Ces enfants ne s'étaient naturellement jamais nourris l'un l'autre. Et pourtant, quand ils furent séparés, nous vîmes l'angoisse de séparation dans sa forme pleine la plus classique.

Il existe de nombreuses études sur des jumeaux qui aboutissent toutes à la même conclusion. Les jumeaux souffrent de l'angoisse de séparation, même dans la première enfance, lorsqu'on les sépare l'un de l'autre. Quand l'objet de l'attachement d'un enfant est un autre enfant du même âge, nous pouvons difficilement invoquer, pour expliquer son comportement, la crainte de l'inconfort, ou la crainte de perdre la source de nourriture.

Le cas le plus frappant d'attachement entre enfants est celui du tragique groupe d'enfants réfugiés décrit par Freud et Dann[10]. Peu après la naissance de ces enfants, leurs parents furent déportés et tués. Les bébés furent réunis dans un camp de concentration alors qu'ils avaient environ six mois. Ils étaient au nombre de six. Ils furent soignés par un groupe d'adultes qui changeait constamment, perpétuellement surmenés, perpétuellement menacés. Ces six enfants étaient les seuls bébés présents dans le camp. Ils n'avaient aucune figure d'attachement adulte stable. En fait, aucun des adultes qui prirent soin d'eux ne survécut à la fin de la guerre.

A la fin de la guerre, les six bébés furent envoyés d'abord en Tchécoslovaquie, puis en Angleterre. Lorsqu'ils arrivèrent, ils manifestèrent des conduites d'attachement très nettes, mais il s'agissait d'attachements les uns aux autres. Ils ne manifestaient d'attachement à aucun adulte. Aucun signe d'angoisse de séparation n'apparaissait lorsqu'on les séparait d'un adulte, mais l'angoisse était dramatique si on les séparait les uns des autres.

Ces enfants ne s'étaient jamais nourris mutuellement. Lorsqu'ils arrivèrent en Angleterre à l'âge de trois ans, et furent étudiés pour la première fois, ils étaient à peine assez âgés pour avoir jamais fait quoi que ce soit les uns en faveur des autres. De plus, ils avaient traversé toutes sortes d'horreurs et de stress inimaginables. Dans la logique de la théorie de l'apprentissage, ils auraient dû associer leurs compagnons avec le stress, l'inconfort, le dénuement. Ce n'est pas du tout ce qu'ils attestaient dans leurs conduites. Ils étaient profondément attachés les uns aux autres, et à personne d'autre. Un cas de ce genre, de toute évidence, est un défi aux théories classiques qui voient dans les soins physiques et la satisfaction des besoins alimentaires la source de tous les attachements sociaux.

UNE THÉORIE DE LA COMMUNICATION

Dans ce contexte, je pense que le point de départ le plus adéquat nous est proposé par l'observation de Schaffer : ce sont les adultes socialement les plus attentifs envers le bébé qui ont le plus de chance de devenir les objets de ses angoisses de séparation, et non les adultes qui veillent à son bien-être physique. Dans la situation du camp de concentration, les seules personnes qui manifestèrent quelque attention aux bébés furent les autres bébés.

Mais qu'apportent au bébé l'interaction et l'attention sociale ? Souvenons-nous des exemples de synchronie interactionnelle discutée au chapitre 2. Dès la naissance, les bébés sont prêts à communiquer de quelque manière avec tout adulte de leur entourage. Habituellement, le bébé communiquera avec sa mère. Cette communication est, évidemment, non verbale, mais elle n'en est pas moins communication. A travers le temps, chaque couple mère-enfant développe un style de communication particulier, tout à fait individuel, un style d'interaction spécifique. Trevarthen a montré que les moyens de communication employés par la mère et l'enfant se font à la fois plus complexes et plus spécifiques à mesure que le bébé grandit[11]. En fait, vers l'âge de sept mois, c'est-à-dire l'âge auquel apparaît l'angoisse de séparation, mère et bébé ont établi des moyens très élaborés pour communiquer entre eux. Ces moyens sont non verbaux, mais ils sont spécifiques à la mère et à l'enfant en cause.

Qu'advient-il lorsque la mère laisse le bébé avec quelqu'un d'autre ? Le seul partenaire du bébé dans la communication est parti, et le bébé se retrouve avec un étranger, quelqu'un qui « ne parle pas le même langage », qui ne répond pas aux gestes sociaux de l'enfant, à ses invites, à ses jeux et aux autres formes d'interactions. Le bébé est, en fait, laissé tout seul. Il est isolé des autres adultes par le développement même des moyens de communication qu'il partage avec sa mère. Comme nous le savons à partir des travaux de Schachter et d'autres, les adultes humains ne peuvent tolérer la solitude[12]. Il me semble fort peu vraisemblable qu'il en aille autrement des bébés. Quand leur mère s'en va et les quitte, ils se retrouvent en réalité tout seuls, complètement isolés, parce qu'ils ont appris à communiquer et à interagir avec une seule et unique personne.

Les bébés jumeaux, naturellement, apprennent à communiquer l'un avec l'autre, probablement plus efficacement qu'avec aucun adulte (fig. 4.2). C'est pourquoi, je pense, les jumeaux manifestent de façon très caractéristique l'angoisse de séparation lorsqu'ils sont séparés. De même, si nous en croyons les observations de Robertson sur les moyens d'atténuer l'angoisse de séparation, deux enfants d'une même famille communiquent évidemment entre eux jusqu'à un certain point. Aussi, même si leur principale figure d'attachement, la mère, est partie, ils ne sont pas complètement seuls. Il leur reste l'autre, c'est-à-dire quelqu'un avec qui ils peuvent interagir.

Le nouveau-né, rappelons-le, est prêt à interagir avec n'importe qui de toute façon. Après quelques mois de communication avec un partenaire particulier — un partenaire de communication qui emploie certaines séquences ou certaines combinaisons particulières de vocalisations, de mouvements corporels, ou de contacts corporels dans une situation donnée — l'enfant en arrive à attendre certains types d'échanges et est préparé à répondre de façon appropriée. Si ces types d'échanges ne se présentent pas, le bébé est seul. A la lumière de l'affirmation de William James, pour qui la source originelle de la peur est la solitude, nous pouvons certainement nous mettre à la place de ces bébés, isolés, quant à la communication, par le départ de leur principal partenaire.

Nous avons des preuves de ce que des bébés qui grandissent en étroite proximité apprennent aussi à communiquer les uns avec les autres et deviennent « accordés » en quelque sorte. Ils le seront plus ou moins bien en fonction du niveau de leur habileté motrice et selon leur tempérament individuel. Des bébés de moins d'un an échangent des chaînes de vocalisations ; et ils en tirent un grand plaisir. Plus ils sont accordés les uns aux autres et plus la perte sera sévère lorsqu'un des partenaires de la communication s'en va.

Il découle de ce point de vue que l'angoisse de séparation devrait diminuer lorsque la maîtrise par l'enfant des techniques de communication atteint un niveau tel qu'il peut communiquer avec n'importe qui. Il semble bien que ce soit le cas. L'angoisse de séparation décline lorsque

LA GENÈSE DES ATTACHEMENTS 65

Fig. 4.2. Jumeaux de sept mois communiquant entre eux. Les bébés jumeaux, c'est un fait caractéristique, se mettent très tôt au diapason l'un de l'autre (photos de Jennifer G. Wishart).

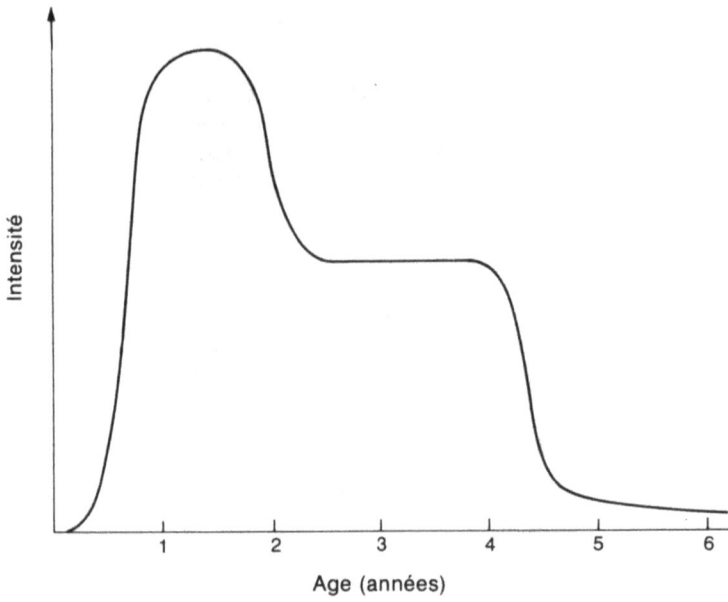

Fig. 4.3. Changements, en fonction de l'âge, dans l'intensité de l'angoisse de séparation. Les données ont été compilées à partir d'un ensemble de recherches; la courbe n'est par conséquent qu'un indicateur général de la direction et de la vitesse de changement de cette réaction.

l'enfant commence à parler — et elle décline pas à pas à mesure qu'il maîtrise le langage et que se développe sa capacité à communiquer avec ceux qui l'entourent. La forme de déclin représentée à la figure 4.3 pourrait trouver d'autres interprétations. L'explication la plus convaincante, cependant, est que l'aptitude à communiquer est responsable du déclin de l'angoisse de séparation, tout comme l'inaptitude à communiquer avec un monde d'étrangers est responsable de son émergence.

Cette analyse de l'angoisse de séparation éclaire également la question de la peur de l'étranger. Pour un bébé de huit mois, un étranger est quelqu'un avec qui il ne peut communiquer, avec qui il n'a jamais tenté de communiquer. En fait, nous avons des chances de n'observer la peur de l'étranger que lorsque celui-ci tente d'entrer en communication avec le bébé[13]. Aussi longtemps que l'étranger ignore le bébé, ce dernier, généralement, ne témoignera d'aucune aversion particulière. Si l'étranger fait une tentative pour communiquer avec le bébé, cependant, nous risquons bien de voir éclater la peur de l'étranger dans toute sa force. De son point de vue, le bébé se sent approché par un être beaucoup plus grand que lui, qui s'adresse à lui dans une langue étrangère, avec l'espoir évident d'être compris. Il n'est pas surprenant que cette situation déclenche la peur.

Wahler réalisa une expérience avec des bébés de trois mois dans laquelle un étranger fournissait aux bébés un renforcement social chaque fois qu'ils souriaient[14]. Il découvrit que les bébés souriaient à l'étranger plus souvent avant que ce dernier essaie d'entrer en contact avec eux que pendant ou après ces tentatives. Ceci montre simplement, je pense, que l'étranger n'utilisait pas les moyens de communication auxquels était accoutumé chacun de ces bébés. Dès lors, au lieu d'être une source de plaisir, les avances de l'étranger n'étaient qu'une source d'embarras. Si les bébés étaient seulement embarrassés, plutôt qu'effrayés, c'est que, à trois mois, ils n'avaient pas encore développé les modes hautement spécifiques d'interaction indispensables pour les attacher solidement à leurs propres partenaires de communication.

En d'autres termes, la peur de l'étranger et l'angoisse de séparation sont des conséquences naturelles de l'aptitude à apprendre du bébé — dans ce cas, aptitude à apprendre des techniques de communication spécifiques. A mesure que ces techniques se font plus raffinées, elles l'isolent effectivement de quiconque ne partage pas ce code de communication particulier. Cela veut dire que le bébé doit, nécessairement, développer à un certain niveau ses capacités de communication pour former le type d'attachement dont témoignent la peur de l'étranger et l'angoisse de séparation.

Ce point de vue est tout à fait opposé à l'argument dérivé de l'éthologie, selon lequel il existe une période critique pour la formation de l'attachement, comme c'est le cas dans l'*empreinte*, un mécanisme qui a été étudié principalement chez les oiseaux. Si les oisillons fraîchement éclos ne réussissent pas à former un attachement avant un âge donné, ils n'en formeront jamais. En d'autres mots, il y a, dans le cas de l'empreinte, une période critique pour le développement. D'aucuns ont conclu des observations faites sur les oiseaux qu'il pourrait aussi y avoir une période critique pour la formation des attachements chez le bébé humain. Il ne semble pas que ce soit le cas. Ce serait l'aptitude à apprendre qui serait le facteur critique.

Ceci est clairement démontré, je pense, dans une recherche sur deux groupes de bébés qui avaient été hospitalisés à un âge précoce, avant le moment où ils auraient pu manifester des comportements tels que l'angoisse de séparation ou la peur de l'étranger[15]. Cette étude avait pour but de déterminer combien de temps il fallait aux bébés après leur retour à la maison pour former des attachements normaux, attestés par l'émergence de la peur de l'étranger et de l'angoisse de séparation.

L'un des groupes de bébés avait été hospitalisé dans une institution de type courant, où la proportion de membres du personnel par rapport au nombre d'enfants était assez faible. Les enfants de ce groupe avaient donc peu d'occasions d'interagir avec autrui. Dans l'autre institution, le rapport numérique du personnel aux pensionnaires était nettement plus élevé. Mais ce personnel changeait continuellement, de sorte que les bébés se trouvaient rarement exposés au même individu pour plus de quelques heures au total. Néanmoins, le personnel était assez nombreux pour consacrer un temps considérable aux interactions sociales. Dans ce genre d'interaction sociale avec une variété de personnes différentes, le bébé devait avoir l'occasion de développer jusqu'à un certain point ses capacités de communication, mais non les modes hautement spécifiques propres à conduire à l'angoisse de séparation et à la peur de l'étranger. Les bébés vivant dans l'institution où ils n'avaient guère d'occasions d'interaction avec autrui n'auraient pas dû développer à un bien haut degré leurs capacités de communication. En fait, on s'attendrait à ce qu'ils ne les aient pas développées du tout.

Une fois de retour à la maison, on compara les bébés des deux groupes pour voir combien de temps il leur faudrait pour constituer des attachements normaux. Les bébés qui avaient été dans l'institution la plus pauvre à cet égard mirent à peu près deux fois plus de temps avant d'avoir peur des étrangers. C'est exactement ce à quoi nous devions nous attendre si la peur de l'étranger et l'angoisse de séparation reflètent l'acquisition des capacités de communication. Les bébés qui avaient eu de nombreuses occasions de développer des capacités communicatoires fondamentales, bien qu'insuffisantes pour les limiter à un seul partenaire, furent en mesure de capitaliser sur les aptitudes déjà acquises. Il leur fallut donc deux fois moins de temps pour atteindre le niveau de spécificité dans la communication qui les coupât des étrangers, alors que les autres bébés durent pratiquement partir de zéro lors de leur retour à la maison.

A première vue, il semblerait que le meilleur moyen d'éviter la peur de l'étranger et l'angoisse de séparation serait d'éviter les étrangers et les séparations. Ce n'est pas du tout ce que cela implique. Il est possible, évidemment, de réduire le niveau de crainte de l'étranger en évitant les tentatives directes d'interaction qui provoque l'espèce de crise illustrée à la figure 4.1. Pour l'essentiel, cependant, la peur de l'étranger et l'angoisse de séparation sont deux sous-produits nécessaires dans le processus d'apprentissage de la communication, et les êtres humains doivent, de toute évidence, apprendre à communiquer clairement pour survivre dans le monde qui est le leur. Le fait le plus important, cependant, est que les capacités de communication sont *apprises*, et bien qu'il soit de plus en plus difficile pour le bébé de les acquérir à mesure qu'il grandit, il lui est encore possible de le faire. Point n'est besoin d'invoquer des périodes critiques quand nous discutons un processus d'apprentissage de ce genre.

Ceci nous amène au problème des effets néfastes de la séparation ou de la perte de la mère, ou de son substitut, au cours de la première enfance. Nous reporterons la discussion détaillée de ce problème jusqu'au chapitre 9, où nous examinerons les conséquences à long terme des expériences vécues dans la première enfance.

LES INTERACTIONS SOCIALES

La plupart des études sur le développement social dans la première enfance se sont centrées sur l'interaction mère-enfant. Cette interaction est indubitablement la variable la plus importante. Cependant, nous ne devons pas perdre de vue le fait que les enfants interagissent les uns avec les autres si on leur en donne l'occasion. Il existe de nombreuses observations sur des enfants d'un an ou deux se traitant l'un l'autre comme des objets et allant même jusqu'à se porter de sérieuses atteintes physiques. Je pense que ce genre de comportement ne survient que chez des enfants qui ont vécu isolés d'autres enfants. Les jumeaux interagissent très fortement entre eux dès l'âge de cinq mois, comme les bébés qui vivent en institution. Les bébés en institution, c'est bien typique, commencent à remarquer les autres bébés — par exemple l'enfant du berceau voisin — vers l'âge de six mois. Ils font alors des signes aux autres, agitent la main vers eux, leur adressent leur babillage, etc. Et ils tirent apparemment de tout cela le plus grand plaisir.

Le type d'interaction sociale que nous pouvons observer chez les enfants d'un an dépend, naturellement, d'une longue histoire préalable de communication entre les bébés en question. Deux enfants d'un an qui n'ont jamais vu d'autre bébé auparavant risquent fort de se faire mal mutuellement, mais il s'agit là d'une simple conséquence de leur manque de familiarité avec les autres enfants. C'est la conséquence du fait qu'ils n'ont pas développés les moyens de communication entre eux. Beaucoup des problèmes qui surgissent dans les pouponnières et les jardins

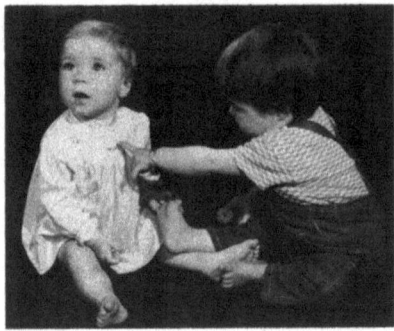 

Fig. 4.4. Ces deux bébés de dix mois ne se connaissaient pas avant cette rencontre. L'un des deux bébés pousse l'autre pour attirer son attention. Le second bébé réclame alors le jouet (photos de Jennifer G. Wishart).

d'enfants pourraient être évités si les bébés étaient plus couramment élevés en communauté, et étaient plus fréquemment mis en présence d'autres enfants de leur âge (fig. 4.4).

Si la plupart des recherches se sont centrées sur la relation mère-enfant, il est également vrai que presque toute l'attention a été portée à l'enfant. On a supposé que les mères répondent automatiquement à leur bébé, et que seules les réponses du bébé doivent être acquises. Nous disposons de nombreuses preuves, cependant, qu'il n'en va pas ainsi. Tout d'abord, si les mères sont des étrangères pour leur bébé, le bébé est lui aussi un étranger embarrassant pour la mère, du moins immédiatement après la naissance. La mère doit apprendre à communiquer avec le bébé, exactement comme le bébé doit apprendre à communiquer avec sa mère. L'apprentissage est, dans ce cas, un processus à double sens, mais un processus largement influencé, assurément, par les idées préconçues que la mère apporte dans la situation.

Dans mes propres recherches, j'ai observé que les mères qui avaient, à l'origine, une piètre opinion des capacités de leur enfant en changeaient lorsqu'elles le voyaient réagir dans les situations de laboratoire, et ceci changeait à son tour leur manière d'agir envers le bébé. Ce type de changement semble très répandu, bien qu'il soit difficile à quantifier. La littérature clinique abonde, elle aussi, en preuves de ce que les attentes d'une mère ou d'un père affectent la façon dont ils interagissent avec le bébé[16]. Ceci est particulièrement vrai pour les bébés souffrant d'un handicap quelconque. Si les parents surestiment le handicap, leur motivation à l'interaction pourra s'en trouver réduite. Il y a ici un regrettable cercle vicieux. Le bébé handicapé a probablement besoin d'une quantité d'attention sociale plus grande que la normale. Parce qu'il est handicapé, il en recevra une quantité moindre, ce qui aura pour effet d'amplifier les conséquences du handicap, ce qui réduira plus encore l'attention qu'on lui portera, et ainsi de suite. La démonstration que le bébé n'est pas aussi handicapé que les parents le croyaient, cependant, peut à nouveau changer de façon radicale la qualité et la quantité de l'intercation.

LES DIFFÉRENCES DE PERSONNALITÉ

Jusqu'ici nous avons parlé « du bébé » comme si tous les bébés étaient les mêmes, comme s'ils présentaient tous les mêmes réactions dans les situations sociales. C'est là une sursimplification. Prenez deux bébés quelconques, placez-les dans la même situation, et vous observerez des différences individuelles. Les bébés ont des personnalités différentes tout comme les adultes, même si les différences sont moins nombreuses. On a détecté des différences de personnalité ou de tempérament chez des bébés de quelques heures seulement[17]. A la fin de la première année, on peut observer des différences très nettes et très consistantes. Ces différences concernent la manière dont le bébé se comporte dans des situations sociales avec sa mère, avec les étrangers, etc.

Il semble probable que les différences de personnalité qui apparaissent vers la fin de la première année chez les jeunes enfants dépendent elles-mêmes de la manière dont ils sont traités par les adultes qui prennent soin d'eux. La preuve la plus claire de ceci nous est fournie par une étude sur le développement de la personnalité chez des jumeaux identiques[18]. Les jumeaux identiques sont génétiquement identiques. Toute différence dans leur personnalité doit par conséquent être mise au compte des différences dans la manière dont ils sont élevés. Tous les jumeaux de cette recherche constituaient des couples élevés ensemble. Néanmoins, il y avait entre eux des différences de personnalité, et le degré de différence variait avec le degré de différence dans leur aspect physique. Les jumeaux identiques présentent parfois une apparence parfaitement identique, parfois simplement similaire; ils n'en sont pas moins, dans ce dernier cas, génétiquement identiques. Cependant, il est virtuellement impossible de se conduire différemment envers deux bébés jumeaux qui ont l'air exactement pareil, alors que c'est possible envers des jumeaux dont la ressemblance est moins parfaite. D'après cette recherche, ce sont ces différences dans la manière de les traiter qui, manifestement, produisent les différences de personnalité.

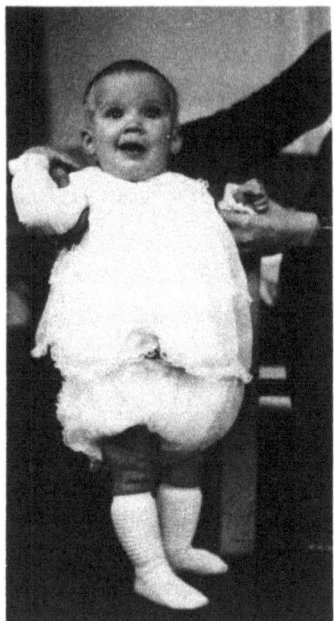 

Fig. 4.5. Dès le plus jeune âge, garçons et filles sont habillés et traités de façon différente, et l'on attend d'eux qu'ils se conduisent de façon différente (photos de Jane Dunkeld).

Il est d'autres aspects de la personnalité qui se développent durant la première enfance et qui semblent également déterminés par l'environnement. L'exemple le plus surprenant en reste, à mes yeux, celui de l'identification sexuelle. A l'âge d'un an, les garçons sont très différents des filles dans leur personnalité. Goldberg et Lewis, comparant des garçons et des filles d'un an, décrivent les garçons comme plus indépendants, plus explorateurs, amateurs de jouets qui exigent une importante activité motrice, préférant les jeux vigoureux où il faut courir et donner force coups[19]. En d'autres mots, les garçons sont des garçons dès l'âge d'un an.

La preuve la plus frappante du rôle critique des parents dans la production de ces différences nous vient des recherches sur des individus dont le sexe biologique diffère du sexe officiel. Money a étudié un certain nombre de ces cas[20]. A la suite de certaines aberrations développementales avant la naissance, ou encore d'intervention chirurgicale après la naissance, il peut arriver qu'un bébé qui, génétiquement, est un garçon, présente les apparences d'une fille et soit traité comme telle. L'inverse peut arriver également. Ces individus mal étiquetés se développent selon le genre qui leur est assigné par les parents. Si les parents pensent qu'ils ont une fille, l'enfant se développe en fille, et s'ils pensent avoir un garçon, l'enfant se développe en garçon, avec tous les intérêts et les traits comportementaux caractéristiques des garçons. Les gènes semblent impuissants à réorienter les étiquettes sexuelles assignées par les parents.

Puisque ces étiquettes sont effectives avant la fin de la première année, l'étiquetage verbal n'est certainement pas un facteur crucial. Goldberg et Lewis supposent que les parents renforcent subtilement les types de comportements qu'ils considèrent comme appropriés au sexe de leur enfant (fig. 4.5). Bien que ces processus subtils n'aient pas fait l'objet d'analyses détaillées, il est clair que les parents traitent les bébés masculins et féminins de façon très différente. Les différences vont de l'habillement, qui peut avoir une grande importance par les contraintes qu'il implique sur certains comportements, à des interactions sociales précises. Les pères passent deux fois plus de temps à parler à leurs filles qu'à leurs fils ; les garçons ont beaucoup plus de chances d'être pris pour être jetés en l'air et rattrapés, ou pour des jeux de corps à corps jovial. Si les variations plus subtiles dans le comportement parental n'ont pas encore été décrites, il ne fait pas de doute qu'elles existent.

Dans le cas des caractéristiques de personnalité décrites jusqu'ici, il semblerait que ce soit le milieu social quotidien qui détermine la manière dont le bébé se comporte. Les différences individuelles entre bébés dans les situations sociales habituelles sont donc, selon toute vraisemblance, fonction des environnements sociaux dans lesquels les bébés vivent tous les jours de leur vie.

NOTES

[1] Carpenter, 1975.
[2] Ambrose, 1961.
[3] Brody et Axelrad, 1971.
[4] Anderson, 1972.
[5] Schaffer et Emerson, 1964.
[6] Spitz, 1950.
[7] Schaffer et Emerson, 1964.
[8] Schaffer, 1971.
[9] Robertson, 1962.
[10] Freud et Dann, 1951.
[11] Trevarthen, 1975.
[12] Schachter, 1959.
[13] Schaffer, 1971.
[14] Wahler, 1967.
[15] Schaffer, 1963.
[16] Call, 1975.
[17] Freedman et Freedman, 1969.
[18] Kringlen et Jogerson, 1975.
[19] Goldberg et Lewis, 1969.
[20] Money, 1965.

Chapitre 5
Le développement perceptif

Le nouveau-né dispose d'un système perceptif étonnamment bien organisé. Pourtant, ce système subit un développement considérable dans les mois qui suivent la naissance. Le changement principal porte sur la quantité d'information perceptive que le bébé est capable de traiter, ainsi que l'attestent une différenciation croissante des entrées sensorielles, la perception des objets et les modifications dans la coordination sensori-motrice. Ces développements sont, pour une part, le résultat d'une plus grande familiarité avec les objets et les événements du monde extérieur, et en partie le résultat de la croissance. Les recherches sur des bébés aveugles montrent que le développement perceptif implique une interaction entre ces deux processus. Bien que la croissance se déroule sous contrôle génétique, sa direction — même pour ce qui est de la différenciation des structures nerveuses — dépend de l'information fournie par les stimulations présentes dans l'environnement.

Comme les nouveau-nés dans la plupart des autres espèces de primates, le bébé humain est prêt à capter des informations dans le monde qui l'entoure dès qu'il se trouve en contact avec lui. Pourtant, dans les mois qui suivent la naissance, nous assistons à un important accroissement de cette capacité du bébé à capter des informations, sous le double aspect de la quantité et de la différenciation. Cet accroissement de la capacité à traiter l'information s'accompagne d'un accroissement parallèle de l'aptitude à sélectionner avec précision l'information qui sera captée. Le développement de la *différenciation intersensorielle* — la capacité de différencier entre les messages concernant des modalités sensorielles différentes —, illustre bien ces deux processus.

LA DIFFÉRENCIATION INTERSENSORIELLE

Comme nous l'avons vu au chapitre 2, le bébé manifeste un certain degré de coordination intersensorielle lorsqu'il répond aux stimulations du milieu. Si on lui présente un son, il tourne le regard vers l'endroit d'où le son vient. Si on le touche, il dirige les yeux vers l'endroit où la stimulation tactile a été appliquée. Si on lui montre quelque chose et qu'on lui donne l'occasion de le toucher, le bébé s'attend à ce qu'il y ait vraiment là quelque chose à toucher, et se montre très surpris s'il n'y a rien. Cette attente est encore très nette chez des enfants plus âgés dans des situations très courantes, telle que celle de la figure 5.1.

Nous avons certaines preuves de ce que ces coordinations précoces entre modalités sensorielles impliquent un manque de différenciation entre ces dernières. Il semble que le jeune enfant ne soit pas toujours à même de savoir s'il entend quelque chose ou s'il voit quelque chose. Supposons, par exemple, que l'on montre à un bébé de trois semaines une paire de lumières s'allumant alternativement. Les bébés perdent très vite toute espèce d'intérêt pour ce genre d'événement répétitif. Néanmoins, nous pouvons reconquérir leur intérêt si nous changeons l'événement — si par exemple nous déplaçons les lampes de sorte qu'elles ne soient plus à la gauche ou à la droite du bébé, mais au-dessus ou au-dessous de lui.

Supposons qu'au lieu de changer la position des lampes nous changions la modalité de la stimulation, et que le bébé, au lieu de voir deux lumières, entende, produits au même endroit, deux sons brefs en alternance. Ce changement ne réveille pas l'intérêt d'un jeune bébé aussi efficacement qu'un changement de position du stimulus. Tout se passe comme si le très jeune bébé savait que quelque chose se passe à ces deux endroits précis de l'espace, mais ne pouvait réellement dire si l'événement parvient à son esprit par les oreilles ou les yeux[1].

Ce manque de différenciation sensorielle ne se rencontre que chez les très jeunes bébés. Très vite, ils développent la capacité à enregistrer non seulement l'emplacement, mais aussi la modalité d'une information. Leur

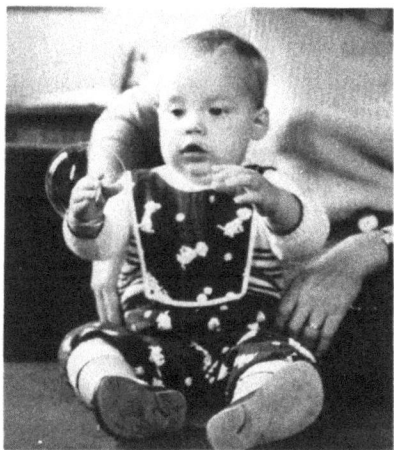 

Fig. 5.1. Ce bébé s'attend, de toute évidence, à ce que l'objet tridimensionnel qu'il a vu puisse être touché (photos de Jennifer G. Wishart).

perception devient ainsi plus différenciée et ils sont en mesure d'enregistrer plus d'informations sur ce qui se passe dans le monde autour d'eux.

Les changements qui surviennent dans la coordination intersensorielle entraînent des changements intéressants dans le comportement moteur également. Chez les jeunes bébés, il semble que quelque chose que l'on peut voir est aussi nécessairement quelque chose que l'on peut saisir. Lorsqu'on présente à un jeune bébé un *objet virtuel* — une image tridimensionnelle illusoire et intangible projetée dans l'espace — il s'acharne à saisir l'objet qu'il voit, se retrouvant à chaque fois les deux mains l'une contre l'autre. Un bébé plus âgé ne referme pas les mains sur l'image. Il approche la main de l'endroit où il la voit, mais s'arrête aussitôt, retire la main et inspecte l'objet comme un phénomène visuel particulier[2]. La visibilité et la possibilité de saisir ne sont pas nécessairement liées pour le bébé plus âgé, comme elles le sont pour les plus jeunes.

Des dissociations analogues surviennent dans le domaine de l'audition. Pour les jeunes bébés, un son signale quelque chose que l'on peut voir et toucher. Plus tard, il signale seulement quelque chose que l'on peut écouter. Il en résulte un déclin paradoxal du comportement visant à atteindre quelque chose qui peut être entendu mais non vu, comme une sonnette tintant dans l'obscurité[3]. Jusqu'à six mois, les bébés tendront promptement la main vers le son; passé cet âge, ils ne le feront plus. Les raisons de ce changement sont complexes, comme nous le verrons dans le chapitre suivant.

CHANGEMENTS DANS LA CAPACITÉ DE TRAITER L'INFORMATION

Il y a des changements parallèles dans le fonctionnement qui permettent d'enregistrer des informations plus nombreuses et différentes. Le changement dans la réponse du bébé à un objet qui s'approche nous en fournit un excellent exemple. Comme nous l'avons vu au chapitre 2, les bébés nouveau-nés se défendent contre un objet qui s'approche d'eux. Cependant, si la vitesse de l'objet est assez grande, il n'y a pas de réponse du tout. A grande vitesse, il semble que l'information vienne trop rapidement pour que le bébé puisse la capter[4]. Il en va de même pour le mouvement latéral. Quand un objet se déplace dans le champ visuel du bébé, celui-ci tend à le suivre du regard. Si la vitesse de l'objet augmente, la probabilité de la poursuite du regard diminue en conséquence. C'est vrai aussi chez l'adulte, mais la vitesse nécessaire est beaucoup plus élevée. Ces changements sont vraisemblablement dus à des phénomènes de croissance dans le système visuel. Chaque partie fonctionnelle du système visuel se développe, et l'accroissement du nombre de neurones disponibles pour la vision permet sans aucun doute un accroissement de la quantité d'information visuelle qui peut être traitée.

Certains des changements décrits ci-dessus peuvent se ramener en fait à des changements dans la capacité mnésique plutôt qu'à des changements dans la capacité perceptive. En effet, beaucoup de méthodes utilisées dans l'étude de la perception s'appuient, jusqu'à un certain point, sur la mémoire. Dans une expérience typique, on montre à des bébés de quatre semaines un objet dans une fenêtre éclairée[5]. Les lampes qui illuminent la fenêtre sont alors éteintes, puis, après un moment, allumées à nouveau, révélant soit l'objet original, soit un objet complètement différent, soit rien du tout. Aussi longtemps que quelque chose réapparaît, les bébés semblent tout à fait contents. Cela n'a aucune importance, semble-t-il, que l'objet soit d'une forme, d'une taille, d'une couleur différentes de celles de l'objet qu'ils ont vu avant l'extinction des lampes. Ils ne manifestent leur surprise que si, au moment où la fenêtre s'éclaire de nouveau, il n'y a plus rien à voir.

Ce résultat pourrait signifier que les bébés n'ont simplement pas remarqué ou perçu la taille, la forme ou la couleur de l'objet original. Mais il peut aussi bien signifier qu'ils ont oublié ces caractéristiques de l'objet. Il est vraisemblable que c'est plutôt une affaire de mémoire; en effet, les résultats varient en fonction de la durée pendant laquelle les lampes sont éteintes. Si l'intervalle d'obscurité est très court, les bébés manifestent de la surprise à tout changement dans l'apparence de l'objet.

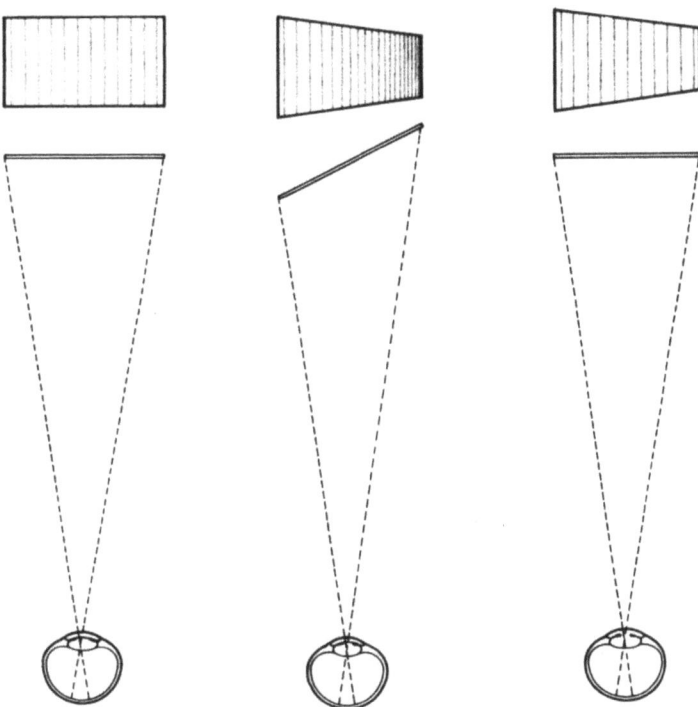

Fig. 5.2. La reconnaissance d'une forme présentée dans différentes orientations illustre la constance de la forme. Un rectangle représenté perpendiculairement à l'axe du regard projette sur la rétine une image rectangulaire. Présenté obliquement, il projette une image trapézoïdale. Néanmoins, on le voit généralement comme un rectangle, en dépit du fait qu'un vrai trapèze placé perpendiculairement à la ligne du regard projette la même image (*à droite*) (extrait de T.G.R. Bower, *The visual world of infants*. Copyright 1966 par Scientific American, Inc. Tous droits réservés).

La mémoire, plutôt que la perception, est probablement aussi le facteur critique dans d'autres changements qui ont été observés au cours de la première enfance. Examinons un problème classique dans le développement perceptif, le problème de la constance des formes. La forme qu'un objet projette sur la rétine change radicalement selon l'angle sous lequel l'objet est regardé (fig. 5.2). Malgré cela, nous pouvons identifier la forme de l'objet vu de n'importe quelle position, et reconnaître correctement qu'une forme particulière est la même quel que soit l'angle de vision. On admet généralement que nous y parvenons en combinant l'information contenue dans l'image rétinienne avec des informations relatives à l'orientation de l'objet dont nous reconstituons la forme. Il semble

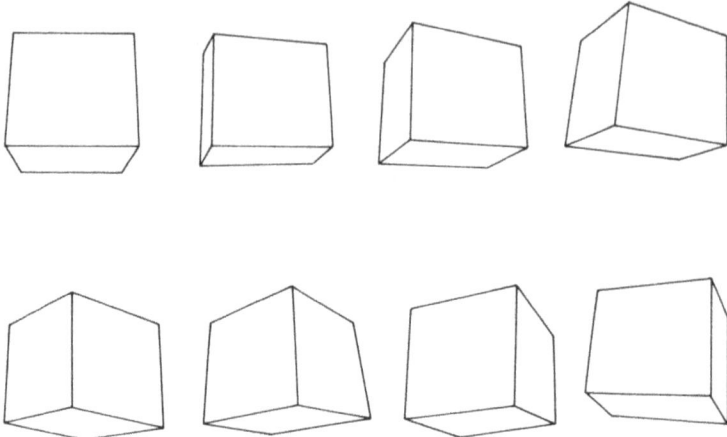

Fig. 5.3. Cette figure montre le même cube dans les huit orientations différentes où il a été présenté aux bébés de l'expérience décrite dans le texte.

que les bébés reconnaissent la forme comme constante, mais à première vue ils semblent y parvenir sans utiliser d'information relative à l'orientation de l'objet.

Penchons-nous sur l'expérience suivante, réalisée avec des bébés de huit à vingt semaines[6]. On présente au bébé pendant 30 secondes une forme courante, tel un cube ; les lumières s'éteignent pendant quelques secondes, puis on lui présente la même forme à nouveau pendant 30 secondes. Lorsqu'on répète cette procédure, le bébé s'*habitue* au cube : au fil des présentations successives, il le regarde de moins en moins. Si, au lieu de présenter la même forme chaque fois, on présente chaque fois une forme différente, il n'y a pas d'habituation.

Supposons maintenant une situation intermédiaire. Nous montrons à chaque présentation un cube, mais chaque fois dans une position différente (fig. 5.3). Si le bébé perçoit la forme comme constante, il devrait reconnaître l'objet comme un cube à chaque présentation et par conséquent devrait s'y habituer. Néanmoins, les changements d'orientation, si le bébé les remarque, devraient soutenir son intérêt, de telle sorte que le déclin de l'attention devrait se manifester moins nettement que dans la situation où le cube a toujours la même orientation. Ce qui se passe en réalité est des plus surprenant. Le déclin de l'attention pour le cube est exactement le même que le cube soit présenté dans la même orientation ou dans des orientations différentes. En d'autres termes, il semble que le

LE DÉVELOPPEMENT PERCEPTIF   81

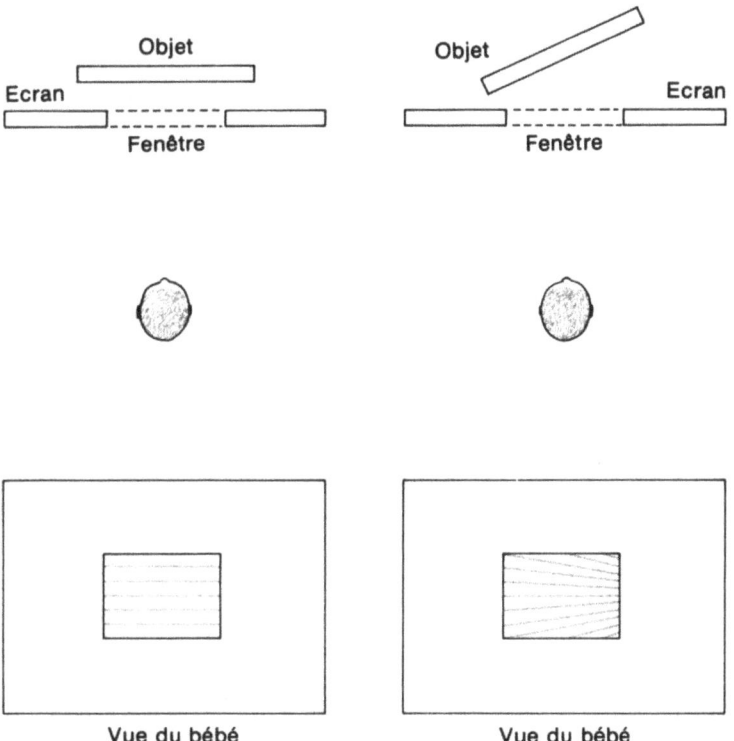

Fig. 5.4. Bien que, généralement, les jeunes bébés ne discriminent pas l'orientation, ils sont apparemment capables de le faire. Lorsqu'un rectangle rayé est vu au travers d'une fenêtre assez petite pour cacher la forme de l'objet, les bébés de huit semaines distinguent les deux orientations illustrées ici (d'après Bower, 1966).

bébé reconnaisse la forme comme constante sans recourir à l'information concernant l'orientation.

S'il en était vraiment ainsi, on serait en présence d'un fait tout à fait remarquable, car personne n'a été capable de proposer un mécanisme qui expliquerait la constance des formes sans faire intervenir l'information relative à l'orientation. Il est plus vraisemblable de penser que le bébé enregistre l'information concernant l'orientation au niveau perceptif, mais ne la met simplement pas en mémoire. Ce qu'il retient entre les présentations, pendant que les lampes sont éteintes, c'est qu'il y a un cube dans la fenêtre ; l'information concernant son orientation n'est pas retenue.

Les nouveau-nés sont certainement capables d'enregistrer l'orientation, comme le prouve leur réaction à un objet qui tourne sur lui-même.

Pourtant, ils utilisent apparemment cette information pour apprécier la forme de l'objet, puis ils l'éliminent. Ce phénomène a été mis en évidence dans une expérience de discrimination, dans laquelle on tenta d'apprendre à des bébés de huit semaines à discriminer entre un rectangle présenté droit en face d'eux et le même rectangle tenu dans une position angulaire par rapport à l'axe du regard[7]. Les bébés ne furent pas capables de faire cette discrimination. La forme de l'objet oblitérait l'information relative à l'orientation. Ils firent la discrimination très facilement, cependant, lorsqu'on élimina de la situation l'information *forme*, comme le montre la figure 5.4. Si les arêtes de l'objet ne sont plus visibles, de sorte que le bébé ne puisse en discerner la forme, il n'éprouve aucune difficulté à discriminer entre les deux orientations.

Nous devons ici faire une distinction entre la capacité du bébé à percevoir certaines choses et sa capacité de prêter attention à toutes les choses qu'il est capable de percevoir. Nous assistons à un énorme changement dans la capacité d'attention au cours de la première enfance. Ceci est probablement dû en partie à la croissance du cerveau, exactement comme la croissance et le développement de l'organe oculaire sont responsables des changements dans la quantité d'information que le système visuel est capable de traiter. Pourtant, une grande partie de ce changement résulte de l'exposition quotidienne aux objets et aux événements du monde extérieur. Plus un objet est familier, moins il exige d'attention pour être remarqué et analysé. Ces deux facteurs, accroissement de la capacité d'attention et diminution de l'attention requise par les objets familiers, interviennent tout à fait naturellement dans le développement des conduites de préhension. Ce sujet relève du chapitre suivant, mais nous pouvons en dire quelques mots ici.

Les jeunes bébés tendent la main, tentent d'atteindre les objets dans leur champ visuel, occasionnellement ils parviennent à les saisir, le plus souvent ils arrivent juste à les heurter de la main. A un certain moment dans son développement, le bébé remarque sa main dès qu'elle entre dans son champ visuel. La vue de cette main est si absorbante que le mouvement en est interrompu, et toute l'attention du bébé se transfère sur la main. Eventuellement, le regard se reportera sur l'objet, et le bébé reprendra son mouvement en vue de l'atteindre, mais la vue de sa main en mouvement le distraira à nouveau, interrompant à nouveau l'acte moteur. Ce processus peut se poursuivre pendant un certain temps, la main et l'objet entrant en concurrence pour accaparer l'attention du bébé (fig. 5.5). Après ce stade, le bébé fixe le regard sur sa main de façon compulsive pendant quelques jours. Il s'y habitue progressivement, et

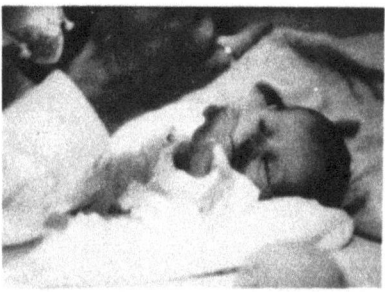
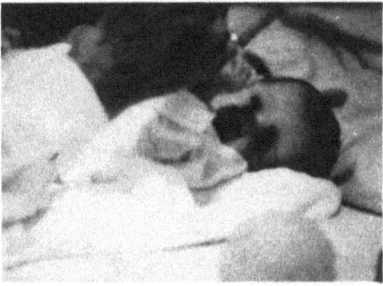
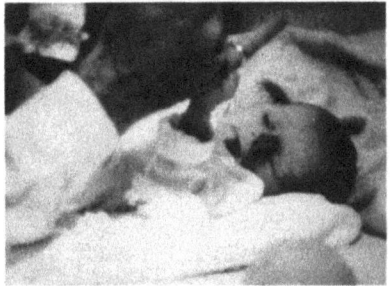

Fig. 5.5. Ce bébé de douze jours auquel on présente un doigt à atteindre regarde sa main dès qu'elle entre dans le champ visuel. Quand il regarde à nouveau vers le doigt, il lève la main dans sa direction, mais le mouvement s'arrête à nouveau dès qu'il capte sa propre main dans le champ du regard (photos de T.G.R. Bower).

recommence alors à produire les gestes de pointage vers l'objet sans se laisser distraire.

Que se passe-t-il ici ? Au début, le bébé centre si intensément le regard sur l'objet qu'il tente d'atteindre qu'il ne remarque même pas sa main qui s'agite pour essayer de toucher l'objet. Avec le développement, sa capacité d'attention augmente, de telle sorte qu'il remarque sa main, et ceci distrait son attention de l'objet. Une fois qu'il l'a suffisamment inspectée, sa main devient pour le bébé une chose qu'il peut remarquer sans laisser accaparer par elle toute son attention. Les mouvements orientés peuvent alors se dérouler de façon plus efficace, car le bébé peut

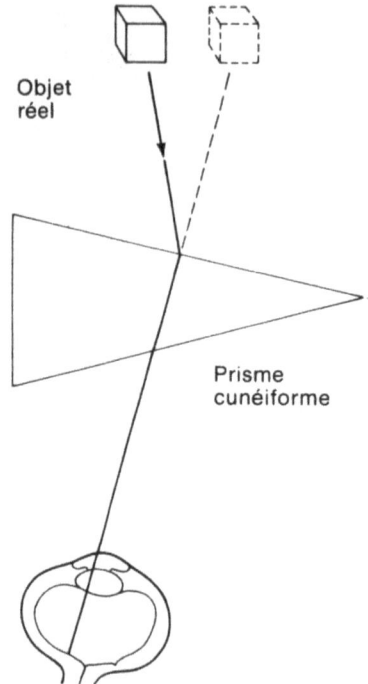

Fig. 5.6. Un prisme cunéiforme déplace la position apparente des objets.

désormais prêter attention simultanément à la position de l'objet et à la position de sa main. Il peut alors utiliser le contrôle visuel pour amener la main à l'objet, démarche qui rend naturellement le geste infiniment plus précis.

Avant cette étape où main et regard interviennent, le bébé se borne à jeter la main dans la direction de l'objet. Il ne dispose pas de la capacité d'attention pour procéder au réglage, à l'ajustement précis de son geste. S'il manque l'objet, il retire la main et essaie à nouveau. Une fois qu'il s'est familiarisé avec sa main, il est en mesure de contrôler en même temps main et objet, et en conséquence, il peut corriger son geste pendant qu'il se déroule.

On peut observer ces changements dans le cours normal des mouvements de préhension. On les met en évidence de façon plus spectaculaire dans des situations expérimentales où les bébés sont munis de prismes cunéiformes[8]. Un prisme cunéiforme déplace l'information visuelle qui parvient à l'œil comme l'indique la figure 5.6. Quand un jeune bébé tend

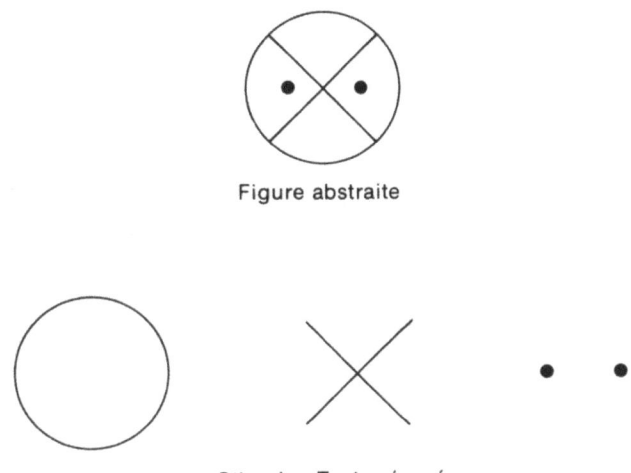

Fig. 5.7. Les jeunes enfants qui ont appris à reconnaître cette figure répondront aussi à chacun de ses composants présenté séparément. Avant l'âge de quatre mois environ, ils ne semblent pas remarquer que le reste de la figure manque.

la main vers l'endroit où l'objet semble se trouver, il retire la main puis l'envoie de nouveau dans la mauvaise direction, et ainsi de suite, protestant à chaque fois, tout en se montrant incapable de compenser l'illusion perceptive. A la première tentative, un bébé plus âgé dirigera le bras dans la mauvaise direction, exactement comme le bébé plus jeune. Mais dès l'instant où la main entre dans le champ visuel, il corrige la trajectoire et la main atteint l'objet. C'est là certainement une preuve nette de ce que les bébés plus âgés sont capables de porter leur attention simultanément sur leur main et sur l'objet; ils le doivent à l'accroissement de leur capacité d'attention.

Nous trouvons d'autres preuves des changements dans cette capacité d'attention dans des situations expérimentales plus artificielles encore. Des expériences d'apprentissage indiquent que les bébés ne sont tout simplement pas capables de prêter attention à tous les aspects du stimulus qu'on leur présente. Dans l'une de ces expériences, on présenta aux bébés la figure dessinée à la figure 5.7, et on les récompensa lorsqu'ils produisaient une réponse à cette figure[9]. La réponse consistait en une rotation de la tête et la récompense à « faire coucou » à l'enfant. Une fois la réponse bien établie, on présenta aux bébés l'un ou l'autre des éléments composant la figure originale. Les bébés de plus de douze semaines ne réagirent tout simplement pas à ces fragments. Par contre, les bébés plus jeunes répondirent aussi vivement aux fragments qu'à la figure complète.

En quoi ceci est-il révélateur d'un changement dans la capacité d'attention ? La figure originale est un complexe qui se laisse aisément décomposer dans les éléments indiqués dans la figure 5.7. Il est probable que les jeunes bébés, dans cette expérience, étaient incapables de prêter attention à tous les éléments à la fois, de telle sorte que, lorsqu'on leur présentait la figure entière, ils ne faisaient attention qu'à tel ou tel de ses composants. Pour eux, la figure complète n'était jamais que l'un de ses morceaux. Ils n'avaient pas une capacité d'attention suffisante pour faire la différence entre un élément de l'ensemble et l'ensemble. Les bébés plus âgés, par contre, pouvaient prêter attention à plus d'un des éléments de l'ensemble, et étaient ainsi capables de reconnaître d'emblée qu'un élément isolé était différent de la figure complète.

Un processus similaire semble sous-tendre les changements dans cet étrange comportement qu'est le sourire. Comme nous l'avons vu au chapitre 3, les bébés, quelles qu'en soient les raisons, sourient aux visages. Cependant, un visage complet n'est pas réellement important jusqu'à l'âge de trois ou quatre mois, exactement comme dans l'expérience qui vient d'être décrite. Il semble que les jeunes bébés se concentrent si fortement sur les parties les plus significatives du visage qu'il ne leur reste pas assez d'attention pour remarquer l'absence des autres parties. L'augmentation progressive de la capacité d'attention se trouve ainsi révélée par l'augmentation progressive du nombre d'éléments du visage nécessaires pour susciter le sourire (fig. 5.8).

Dans ce contexte également, nous voyons l'interaction entre maturation et expérience. Des enfants élevés en institution, où ils ont moins d'expérience des visages que ceux qui vivent à la maison, mettent plus de temps pour développer leur capacité d'attention appliquée aux visages que les enfants élevés chez eux.

L'accroissement de la capacité de traitement de l'information explique encore un autre paradoxe dans le développement perceptif des jeunes enfants. Comme nous l'avons vu précédemment, les enfants nouveau-nés se défendent contre tout objet qui s'approche d'eux. Cependant, il faut attendre l'âge de huit mois au moins pour que le bébé présente cette même réaction de défense lorsque c'est lui que l'on approche d'un mur, par exemple. Ce décalage s'explique probablement par le fait que la reconnaissance d'un objet qui s'approche n'exige rien que l'attention à cet objet. Pour reconnaître son propre mouvement, par contre, il faut prêter attention à tout ce qui se passe dans le champ visuel, ce qui est assurément beaucoup plus difficile.

Simples points ou angles	 • ⌣	Moins de 6 semaines
Partie avec les yeux seulement; partie inférieure du visage non indispensable.		10 semaines
Partie avec les yeux suffit encore, mais moitié inférieure du visage doit être présente même si les mouvements de la bouche ne sont remarqués que de manière passagère; le mouvement facilite.		12 semaines
Partie avec les yeux suffit encore, avec de larges différences entre individus. La bouche est progressivement remarquée, ses mouvements sont particulièrement efficaces. Une bouche large est un meilleur stimulus. Modèle d'adulte en plastic est efficace.		20 semaines
Efficacité des yeux diminue; mouvements de la bouche généralement nécessaires, spécialement bouche largement ouverte. Encore aucune différenciation des visages individuels.		24 semaines
L'attention au visage comme tel diminue; la reconnaissance de l'expression faciale commence, avec intérêt pour les autres enfants. Différenciation progressive des visages individuels.		30 semaines

Fig. 5.8. Les stimulus nécessaires pour provoquer le sourire à différents âges.

LA CROISSANCE DES ORGANES SENSORIELS

La croissance de la capacité d'attention est peut-être l'aspect le plus évident et le plus important du développement perceptif de la première enfance. Moins évidents, mais non moins importants, sont les ajustements que le bébé doit faire à la croissance de son propre système perceptif. Nous partons de l'idée que la croissance est quelque chose de profitable pour le bébé. Et c'est certainement le cas. Mais la croissance est aussi source de problèmes pour le bébé.

Examinons la manière dont les changements dans la taille de la tête affectent le problème de la localisation des sons. Nous savons qu'un son vient de la droite parce que les ondes sonores atteignent l'oreille droite avant l'oreille gauche. Plus la source du son se trouve éloignée vers la droite, plus sera grand le décalage temporel entre les deux sons. Cependant, la croissance de la tête du bébé écarte de plus en plus les oreilles l'une de l'autre. Cela veut dire qu'à des moments différents du développement, un même décalage gauche-droite aura des significations différentes (fig. 5.9). Il s'agit donc pour le bébé d'apprendre puis de désapprendre les significations des décalages particuliers qu'entraînent à un moment donné les dimensions de sa tête.

Ce processus semble prendre beaucoup de temps. Dans une expérience, des bébés d'âges divers étaient installés dans une chambre obscure, avec des objets producteurs de bruits placés à différents endroits autour d'eux[10]. On enregistrait à l'aide d'une caméra de télévision à infrarouge la précision des mouvements des bébés en vue d'atteindre les objets dans chacune des positions. Aux bébés d'un groupe témoin, apparié quant à l'âge, on montrait un objet visible, mais silencieux, situé en divers endroits. Les lampes furent alors éteintes, de sorte que les bébés devaient tendre la main dans l'obscurité vers les objets qu'ils avaient vus auparavant. Donc, pour les bébés du premier groupe, le succès dans l'atteinte des jouets producteurs de bruit dépendait entièrement de la précision de la localisation auditive, laquelle, à son tour, dépend de l'interprétation correcte du décalage gauche-droite dans le moment d'arrivée du son aux deux oreilles. Pour le second groupe, le succès dépendait de quelque trace visuelle de l'objet silencieux qu'ils avaient vus auparavant dans une position donnée.

La précision du geste de pointage dans la ligne médiane, où il n'y a aucun décalage, et dès lors aucun changement en fonction de la croissance, était très élevée dans le groupe « auditif », plus élevée même que dans le groupe « trace visuelle ». Cependant, il fallait attendre l'âge de six

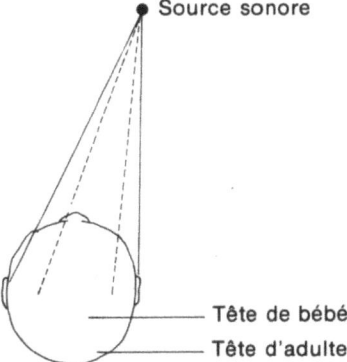

Fig. 5.9. En raison de la différence de taille de la tête, le décalage temporel entre l'arrivée du son aux deux oreilles est moindre chez le bébé que chez l'adulte (d'après Bower, 1974).

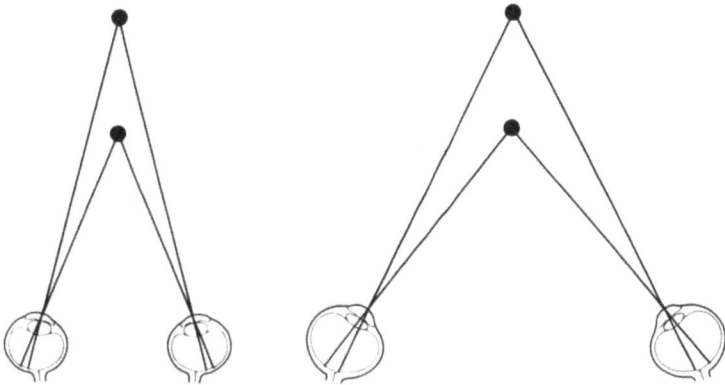

Fig. 5.10. Pour des objets situés à la même distance, l'angle de convergence et la disparité sont moindres pour les yeux du bébé que pour les yeux de l'adulte (d'après Bower, 1974).

mois avant que le geste de pointage latéral, où la croissance vient compliquer le problème, soit aussi précis pour la localisation auditive que pour la localisation sur base de traces visuelles.

La croissance pose des problèmes similaires s'agissant de perception visuelle. L'exemple le plus évident est celui de la vision binoculaire, tel que l'illustre la figure 5.10. Il en existe cependant d'autres. Examinons le problème de l'estimation de la taille. Un objet projette une image sur la rétine, et nous utilisons la grandeur de cette image, combinée à l'information relative à la distance, pour calculer la grandeur de l'objet que

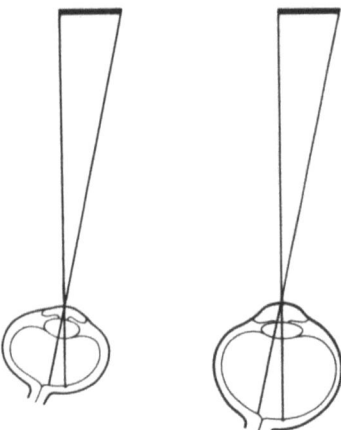

Fig. 5.11. L'œil du bébé est beaucoup moins profond que celui de l'adulte, de sorte que des objets de même grandeur projettent une image rétinienne plus grande dans l'œil de l'adulte que dans l'œil du bébé (d'après Bower, 1974).

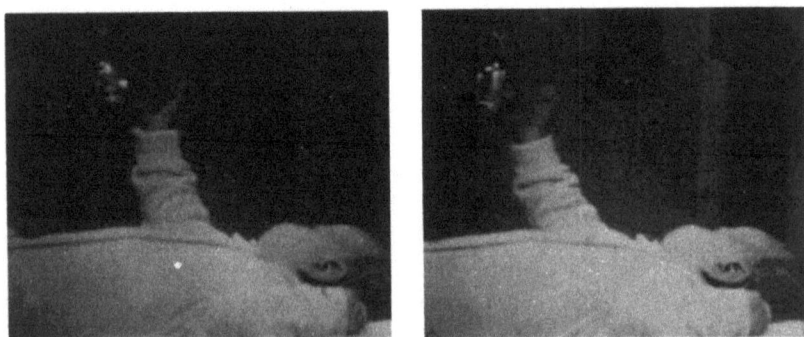

Fig. 5.12. Ce bébé, photographié pendant qu'il ajuste la main à la taille de l'objet, est âgé de moins de trois semaines (photos de T.G.R. Bower).

nous voyons. Examinons maintenant le problème tel qu'il se pose pour le bébé. Son œil est beaucoup plus petit que l'œil de l'adulte, et la rétine, qui en est la surface sensible, est moins éloignée du système optique (fig. 5.11). Ceci veut dire qu'un objet d'une dimension donnée à une distance donnée produira une image beaucoup plus petite dans l'œil du bébé que dans l'œil de l'adulte. En outre, la dimension de cette image changera avec l'âge.

Ces changements dans la dimension de l'image rétinienne n'auront aucune incidence dans les comparaisons entre les dimensions d'un objet et celles d'un autre objet. Ils auront une incidence, cependant, sur les jugements de grandeur absolue, ainsi qu'on peut s'en rendre compte à travers la précision des réponses motrices. Considérons le problème qui consiste à atteindre et à saisir un objet. Quiconque fait cette action doit estimer les dimensions de l'objet et transférer ce jugement pour contrôler sa main ou ses mains. Les changements dans les dimensions de l'œil — et les changements plus grands encore dans la dimension de la main — font de cela un problème développemental terriblement difficile. Néanmoins, c'est un problème que les bébés résolvent à un niveau fonctionnel assez précoce de leur développement (fig. 5.12).

L'exploration visuelle de la main est probablement le comportement médiateur crucial dans ce contexte. On peut voir des bébés comparant la taille de leurs mains à la taille des objets dans des situations de préhension. Ce comportement ne peut apparaître à un âge trop précoce en raison de la capacité d'attention qu'il exige. Un autre facteur est la familiarité avec les objets. Certaines observations sur des bébés aveugles révèlent des ajustements précis des mains pour saisir un objet familier.

Il y a encore bien d'autres choses, dans le développement, qui impliquent le système perceptif. La plupart du temps sont en jeu des changements dans l'usage du système perceptif, plutôt que des changements dans le système perceptif lui-même. Que l'on parle à ce propos de développement perceptif ou de développement cognitif est affaire de goût plus qu'affaire de fond. De toute manière, nous traiterons de ces problèmes au chapitre 7, distinguant les changements dans l'utilisation des changements dans la structure.

EFFETS DE LA RESTRICTION IMPOSÉE AU SYSTÈME PERCEPTIF

Jusqu'ici nous n'avons envisagé que des changements qui correspondent indubitablement à des progrès. Malheureusement, la première enfance est aussi une période au cours de laquelle le système perceptif peut se transformer dans un sens négatif. Des restrictions de l'expérience visuelle peuvent entraîner des altérations permanentes dans la structure du système nerveux, avec la conséquence que certaines informations visuelles ne peuvent jamais être exploitées. Les cas les plus tragiques à cet égard sont les bébés nés avec une cataracte. La cataracte est une affection dans laquelle le cristallin est brouillé et relativement opaque à la lumière. L'expérience visuelle de ces enfants doit ressembler à celle que nous avons lorsque nous essayons de voir à travers une fenêtre de vitre dépolie. La cataracte peut être traitée chirurgicalement. Il est possible d'enlever le cristallin défectueux et de le remplacer par une lentille de contact, de sorte que des images parfaitement claires parviennent à la rétine. Malheureusement, il semble que si l'opération est effectuée après l'âge de six mois, le bébé ne puisse plus faire grand-chose de ces images claires. Il ne s'agit pas d'une simple lacune du développement; le bébé ne dispose même plus des capacités visuelles du nouveau-né. A ce stade s'est accomplie une importante dégénérescence, une véritable perte.

La privation de vision au cours des six premiers mois de la vie a des effets définitifs sur la capacité à utiliser la vision. La privation de vision pendant une période de six mois a progressivement d'autant moins d'effet que l'enfant atteint de cécité temporaire est plus âgé. Cependant, les effets peuvent encore être très sévères si la privation survient jusqu'à deux ans et demi. Dans les cas classiques cités par le chirurgien Uhthoff, on décrit les enfants comme ayant oublié l'usage de la vision :

Lorsqu'on l'invite à venir, l'enfant reste d'abord immobile ; ce n'est qu'à une prière plus insistante qu'elle s'avance à tâtons, se dirigeant de toute évidence seulement à l'oreille, bien qu'elle ait les yeux grands ouverts. Sa ligne de progression est généralement mauvaise et elle se heurte à chaque obstacle rencontré.

Et plus loin :

Si l'on jette sur le plancher devant elle un morceau de sucre, friandise qu'elle apprécie, de telle sorte qu'elle entende bien où il tombe, elle ne regarde pas du tout vers le bas, mais regarde droit devant elle dans le vide[12].

Cet effet dramatique sur le comportement résultait d'une privation de vision longue de six mois seulement. Selon les termes du chirurgien, ses patients «avaient oublié comment voir». Des enfants de cet âge, cependant, peuvent retrouver l'usage de la vue, se rappeler comment voir, même après de très longues périodes sans vision.

La cécité congénitale implique, semble-t-il, des effets plus destructeurs sur le comportement. Nous ne savons pas encore exactement ce qui se passe dans le cas des bébés humains, mais les recherches sur l'animal suggèrent que les zones cérébrales initialement disponibles et structurées pour la vision sont récupérées par d'autres fonctions. Ceci a été démontré dans le domaine de la vision elle-même. Par exemple, les unités neuronales qui, dans le cerveau, sont responsables de la vision binoculaire deviendront des unités monoculaires si l'on permet à un seul œil d'envoyer des informations visuelles[13]. Les unités binoculaires, qui avaient accepté des informations en provenance des deux yeux, seront complètement reprises en charge par l'œil qui envoie les informations. On a démontré des effets similaires en faussant le message en provenance d'un seul œil. La projection de l'œil vers le cerveau est très ordonnée. Si l'on fausse l'information visuelle de telle sorte qu'une partie de l'œil seulement la reçoive, cette partie « récupérera » des zones du cerveau auxquelles elle n'aurait normalement pas eu accès. Qu'on les mesure chez le singe, le chat ou la grenouille, ces effets surviennent exclusivement dans les phases précoces du développement.

On rencontrerait des pertes analogues dans le système auditif à la suite d'une surdité précoce non diagnostiquée. La période critique pour l'audition semble, cependant, beaucoup plus longue que pour la vision — s'étendant peut-être sur cinq années. On n'a pas éclairci jusqu'ici la raison de cette différence.

Revenant à l'une des préoccupations majeures des psychologues, la controverse entre nativistes et empiristes, nous pouvons conclure, sur la base des données relatives au développement perceptif, que chacune des deux positions extrêmes est simpliste. Le système perceptif est déjà bien organisé à la naissance, organisé sous contrôle génétique. Cependant, il se développe en harmonie avec l'information qui lui est fournie par le milieu, quelles que soient les distorsions que cette information peut avoir subies. Ce développement, ainsi que nous le verrons dans les deux chapitres suivants, a des répercussions importantes à la fois sur le comportement moteur et sur le développement cognitif.

NOTES

[1] Dunkeld et Bower, 1976b.
[2] Bower, Broughton et Moore, 1970b, 1970c.
[3] Bower et Wishart, 1973.
[4] Bower, Broughton et Moore, 1970a.
[5] Bower, 1971.
[6] Day et McKenzie, 1973.
[7] Bower, 1966a.
[8] McDonnell, 1975; Dunkeld et Bower, 1976c.
[9] Bower, 1966b.
[10] Bower et Wishart, 1973.
[11] Urwin, 1973.
[12] Uhthoff, 1892, p. 91.
[13] Wiesel, 1975; Gaze, 1970.

Chapitre 6
Le développement moteur

Les plus visibles de tous les changements qui surviennent au cours de la première enfance concernent l'acquisition par le bébé de nouvelles habiletés motrices. En un laps de temps en somme très court, le bébé passe de l'état tout à fait impuissant du nouveau-né au stade où il est capable de marcher seul. Parce que ces changements se déroulent selon un enchaînement et un rythme assez semblables chez tous les enfants, on a traditionnellement attribué le développement moteur à la seule maturation. Pourtant, les recherches récentes ont révélé que des expériences environnementales spécifiques jouent en fait un rôle capital dans le développement des aptitudes motrices. Le développement moteur des bébés aveugles est, à cet égard, particulièrement éclairant.

Le développement moteur est l'aspect le plus directement observable de la première enfance. Après quelques semaines seulement, le bébé a acquis des comportements et des habiletés dont il était, de toute évidence, dépourvu à la naissance. Ces changements se déroulent à un rythme si régulier que l'acquisition de certaines habiletés motrices au moment prévu constitue un élément central dans tous les tests de développement dans la petite enfance. La vitesse de ce développement est source de fierté pour certains parents, sa lenteur source de soucis pour d'autres. Beaucoup de recherches ont été consacrées à définir les bases de ces différences dans la vitesse du développement moteur. Par ailleurs, le

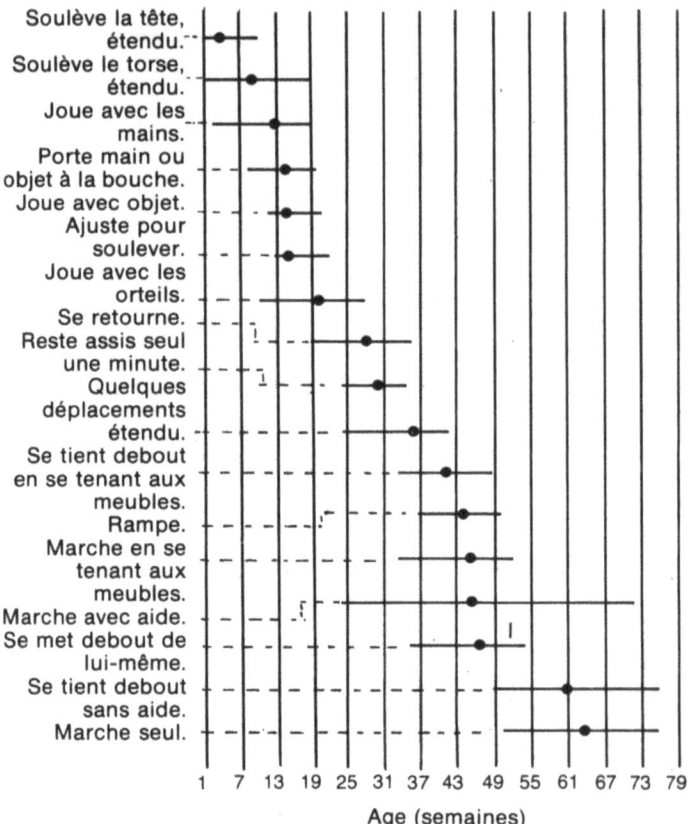

Fig. 6.1. Calendrier du développement moteur.

développement moteur illustre la plupart des problèmes classiques que l'on rencontre dans l'explication du développement. Ainsi pouvons-nous nous demander, de façon circonstanciée, si tel comportement est le fruit de l'expérience du sujet dans son environnement, ou s'il résulte seulement de la maturation.

A l'heure actuelle, je pense qu'il est prudent de dire que l'intérêt théorique pour le développement moteur dépasse de loin son importance pratique. Un développement moteur accéléré n'entraîne pas une accélération du développement cognitif. La vitesse à laquelle s'acquièrent les habiletés motrices ne permet pas de prédire la rapidité d'acquisition de comportements qui participent plus nettement de l'intelligence. Les habiletés motrices paraissent, dans l'ensemble, en quelque sorte fermées sur elles-mêmes.

Les théories classiques de l'apprentissage n'avaient pas grand-chose à dire sur l'émergence des nouvelles capacités motrices. Elles nous fournissent cependant de nombreuses données sur l'ordre dans lequel ces comportements apparaissent et sur les âges auxquels telle ou telle étape est franchie. Ainsi, l'enfant normal manifestera les comportements repris à la figure 6.1 à peu près aux âges indiqués. On est loin d'un accord unanime, cependant, quant aux origines de ces comportements.

LE DÉVELOPPEMENT DE LA MARCHE

Plusieurs études classiques ont conduit à l'idée fort répandue que le développement moteur est déterminé par la maturation. L'une d'entre elles, celle de Dennis, porte sur le développement de la marche chez deux groupes d'enfants Hopis, les uns élevés selon les usages traditionnels de cette culture indienne de l'Arizona, les autres non[1]. Le bébé élevé selon la tradition Hopi est attaché à un berceau rigide et y reste pour une bonne partie du temps pendant les neufs premiers mois de son existence (fig. 6.2). Un enfant confiné de cette manière n'est pas en mesure de dresser le corps, de se retourner ni de bouger les bras. A l'opposé, les bébés du second groupe, élevés à l'occidentale, passaient la plus grande partie de leur temps sans liens dans un berceau ordinaire ou une voiture d'enfant.

Cette étude montra que l'usage du berceau rigide ne changeait rien à l'âge auquel les bébés commencent à marcher. Dennis en conclut que la marche est un comportement exclusivement déterminé par la maturation, qui apparaît de lui-même sans rien devoir à aucun comportement antérieur. Cependant, cette conclusion n'est pas indiscutable. L'usage du berceau rigide s'arrête vers neuf mois, et certains bébés ne commencent pas à marcher avant l'âge de quinze mois. Entre neuf et quinze mois, il y a quantité d'occasions pour des exercices susceptibles d'affecter le développement de cette capacité motrice. Si les bébés Hopis étaient restés attachés à leur berceau jusqu'à quinze mois, l'argument maturationniste aurait été plus solide. Les choses étant ce qu'elles sont, tout ce que nous pouvons conclure de cette recherche, c'est que la restriction de mouvement imposée par ce type de berceau ne ralentit pas significativement le développement, pour autant que cette restriction se limite aux neuf premiers mois de la vie. Les effets de la restriction au-delà de cet âge sont totalement inconnus.

C'est là une conclusion beaucoup plus modeste que l'affirmation catégorique de l'origine purement maturationnelle de la marche. En fait,

Fig. 6.2. Un berceau Hopi.

certaines données indiquent que la marche n'est pas exclusivement affaire de maturation, mais reflète en réalité les occasions d'exercice, de fonctionnement, fournies à l'enfant. Le comportement de marche des nouveau-nés, que nous avons décrit au chapitre 2, est généralement considéré comme une curiosité gratuite, ou comme un numéro d'attraction. Dans deux recherches, cette capacité du nouveau-né fut systématiquement exercée, dans un cas de façon continue, dans un autre cas pendant les deux premiers mois seulement[2]. Dans les deux cas, il en résulta une accélération spectaculaire du développement. Les bébés auxquels on avait donné l'occasion d'exercer ce comportement des nouveau-nés furent capables de marcher seuls, sans aucun soutien, beaucoup plus tôt que les autres.

Cette marche propre au nouveau-né disparaît normalement vers la huitième semaine. D'après ces études, il semble que, si le comportement est employé et exercé, il ne disparaît jamais réellement, mais qu'il se transforme progressivement en une conduite de marche achevée sans aide ni soutien. La marche du nouveau-né est déterminée génétiquement. Les nouveau-nés humains bougent leurs jambes comme ils font parce qu'ils sont des êtres humains. Ils sont faits ainsi. Cependant, ce qu'il advient de ce comportement, à quel moment il se transformera en une conduite de marche indépendante, utile et fonctionnelle, voilà qui dépend en grande partie des occasions que le milieu fournit à l'enfant d'utiliser et d'exercer cette coordination toute montée en lui dès le départ. Nous n'avons pas là une preuve de l'origine maturationnelle ou génétique, mais la preuve d'une maturation à la faveur d'une interaction avec le milieu.

Des interactions analogues, mais peut-être plus spécifiques, entre environnement et expression génétique, se manifestent dans le développement de la vocalisation : ici aussi, les gènes proposent et l'environnement dispose. Le bébé est génétiquement préparé à produire les sons de n'importe quelle langue, et les jeunes bébés prononcent en fait des sons appartenant à toutes les langues[3]. La communauté linguistique dans laquelle ils se trouvent détermine lesquels de ces sons ils retiendront finalement dans leur répertoire verbal. Nous examinerons ce point dans un chapitre ultérieur.

On cite souvent les études classiques d'Arnold Gesell à l'appui de la thèse selon laquelle le développement moteur est déterminé par la maturation plutôt que par l'apprentissage. Les études de Gesell reposaient entre autres sur la méthode des jumeaux[4]. Ses sujets étaient des jumelles identiques. Sa technique consistait à entraîner l'une des deux à une activité motrice particulière et à comparer ensuite la performance des deux bébés dans cette tâche. Les jumelles étant génétiquement identiques, leur rythme de maturation, déterminé par leurs gènes, doit lui aussi être identique. Par conséquent, si le développement moteur est une affaire d'expression des gènes, qu'une des jumelles soit ou non entraînée ne devrait faire aucune différence. Si par contre une composante environnementale intervient dans le développement moteur, la jumelle entraînée devrait évidemment avoir l'avantage.

Gesell découvrit que ses manœuvres d'entraînement n'avaient aucun effet sur le développement des diverses habiletés motrice qu'il étudia. Il en conclut que leur développement est déterminé essentiellement par la maturation. C'est là une conclusion excessive, si l'on tient compte des comportements étudiés. L'une des tâches à apprendre, par exemple, consistait à gravir un escalier. L'une des jumelles y était entraînée, alors que l'autre n'avait aucune expérience des escaliers jusqu'au moment du test de contrôle. Comme la jumelle entraînée ne grimpait pas mieux que la jumelle non entraînée, on pourrait penser, à première vue, que cette capacité ne doit rien à l'exercice. Cependant, cette conclusion devient un peu suspecte si nous examinons de près le type d'entraînement qui fut prodigué. Au début de cet entraînement, le bébé était absolument incapable de grimper. L'entraînement consistait simplement, à ce stade, à soulever l'enfant passivement d'une marche à la marche supérieure.

Il me semble que l'expérience qui consiste à être soulevé au-dessus d'une volée d'escaliers n'a pas grand rapport avec la capacité à grimper activement et par soi-même. Le comportement qui prépare le mieux à gravir un escalier serait, beaucoup plus vraisemblablement, le ramping sur le sol. Cela ne fut l'objet d'aucun contrôle. Les deux jumelles eurent les mêmes possibilités de ramper par terre. La jumelle entraînée ne bénéficia pas de plus d'exercice dans ce domaine que sa sœur. Autrement dit, dans cette recherche, l'expérience spéciale n'était pas vraiment en rapport avec le comportement critère. Dans ces conditions, on ne peut soutenir que l'exercice n'a aucun effet. Il est vrai que l'exercice particulier qui fut imposé n'eut aucun effet. Mais, étant donné la nature de cet exercice, il n'y a pas là de quoi surprendre.

La seconde tâche motrice utilisée par Gesell impliquait la manipulation de blocs — plus précisément, il s'agissait d'empiler trois blocs de diverses façons. On donnait à la jumelle entraînée de multiples occasions de manipuler ces blocs; la jumelle non entraînée n'en avait aucune. Lors de l'épreuve de contrôle, on constata que la jumelle entraînée n'avait qu'un faible avantage sur sa sœur. Une fois de plus, cependant, il n'y eut aucun contrôle sur les expériences manipulatoires en dehors de la situation expérimentale. Les deux jumelles avaient accès à d'autres objets manipulables. Il est fort probable que les aptitudes acquises en manipulant ces autres objets disponibles à chacune se soient transférées à la tâche de manipulation des blocs.

LE DÉVELOPPEMENT DES CONDUITES DE POINTAGE ET DE PRÉHENSION

Chaque fois que les expériences appropriées ont été réalisées, il est clairement apparu que les occasions d'exercices fournis par l'environnement ont, en fait, une grande influence à la fois sur le rythme et sur la direction du développement moteur. Examinons le cas des mouvements de pointage et de préhension, un couple de comportements qui ont fait l'objet de très nombreuses recherches au cours des dernières années[5]. Comme nous l'avons indiqué au chapitre 2, les nouveau-nés sont capables d'une certaine forme de pointage orienté — une forme certes encore rudimentaire, mais qui n'en est pas moins un mouvement de pointage. Normalement, ce comportement disparaît vers l'âge de quatre semaines; ensuite, une forme de comportement très voisine apparaît vers l'âge de quatre mois. Ces deux formes de mouvements, que j'appellerai *Mouvements de pointage Phase I*, sont très différentes d'une autre sorte de mouvements de pointage, que j'appellerai *Phase II*, et que n'observons pas avant l'âge de six à sept mois.

La différence la plus nette entre les Phases I et II concerne l'enchaînement séquentiel des composantes du mouvement. Le mouvement de pointage et d'atteinte implique le transport des mains vers un objet — c'est le pointage proprement dit — puis la fermeture de la main sur l'objet — c'est la préhension. Dans le mouvement Phase I, les deux composantes ne sont pas séparées. Dès qu'il déplace la main vers l'objet, le jeune bébé ouvre la main, et, idéalement, la referme sur l'objet dès qu'il a établi le contact avec lui. Il y a, faut-il le dire, beaucoup d'erreurs dans les deux sens, la main se refermant parfois avant d'atteindre l'objet, se refermant parfois trop tard, après qu'elle ait touché l'objet. Néanmoins, dans l'exécution courante, la main se referme juste au moment où elle atteint l'objet.

La structure est tout à fait différente dans le mouvement de Phase II. La main est amenée vers l'objet, c'est-à-dire que le mouvement de pointage proprement dit est d'abord exécuté. Lorsque la main a atteint l'objet, il y a un délai d'un tiers de seconde environ avant que ne commence la fermeture. Mouvement d'atteinte et mouvement de saisie sont ainsi nettement distincts. L'usage des mains dans les Phases I et II est aussi très différent. Le mouvement de Phase I n'engage typiquement qu'une seule main. Il est très rare d'observer un mouvement des deux mains chez le très jeune bébé. Dans la Phase II, le mouvement de pointage des deux mains est beaucoup plus fréquent.

Ces deux changements rendent les mouvements de pointage et de préhension du bébé beaucoup plus fonctionnels. Dans le cas de l'atteinte et de la préhension à l'aide d'une seule main, la main est amenée à l'objet, et c'est seulement quand le bébé est sûr que sa main a atteint l'objet qu'il exécute le mouvement de préhension. Dans le cas du mouvement bimanuel, toute erreur commise par l'une des deux mains aura pour effet de pousser l'objet vers l'autre main, de telle sorte qu'il sera presque à coup sûr saisi entre les deux mains. C'est là, assurément, un progrès par rapport au mouvement de Phase I limité à une seule main, dans lequel toute erreur risque d'envoyer l'objet hors d'atteinte.

Une seconde différence réside dans le fait que, dans le mouvement de Phase I, le geste de pointage est amorcé visuellement, mais n'est pas contrôlé visuellement en cours d'exécution, alors qu'il est visuellement amorcé *et* visuellement contrôlé dans le mouvement de Phase II. Ceci veut dire que le jeune bébé projette la main vers l'objet, et si la main n'est pas lancée sur la bonne trajectoire, elle n'atteindra pas l'objet ; il n'est pas vraiment en mesure de corriger sa trajectoire une fois qu'il l'a amorcée. Il ne peut que ramener la main au point de départ et recommencer. Un bébé capable de pointage et de préhension de Phase II contrôle et corrige en permanence la distance qui sépare la main de l'objet.

Dans le mouvement de Phase I, la préhension est contrôlée visuellement. Dans le mouvement de Phase II, par contre, elle est contrôlée tactilement. Par exemple, comme nous l'avons vu au chapitre 5, le jeune bébé étendra la main et la refermera sur un objet apparent. La seule vue de l'objet provoquera le comportement de préhension. Les bébés plus âgés, par contre, ne ferment pas leur main. Ils s'arrêtent à l'objet, et ne saisissent pas s'ils ne sentent pas quelque contact avec lui. La vue de l'objet ne suffit pas pour les inciter à saisir.

Quels événements produisent tous ces changements dans le comportement de préhension? Il est clair que les facteurs environnementaux jouent un rôle. Dans l'une de mes propres expériences, j'exerçais quotidiennement des bébés à atteindre un objet suspendu et qui se balançait[6]. Si j'ai employé un objet suspendu, c'est parce qu'il peut être heurté et envoyé au loin par la main, de telle sorte qu'un mouvement où pointage et saisie sont étroitement intégrés, comme dans la Phase I, a moins de chance d'aboutir que si l'objet est bien fixé. Dans cette situation, le mouvement intégré atteinte-préhension s'estompa rapidement et fit place au mouvement dissocié atteinte-puis-préhension. Le comportement plus mûr caractéristique de la Phase II apparut chez ces bébés plusieurs semaines plus tôt que chez les bébés du groupe contrôle qui n'avaient eu aucune expérience avec des objets suspendus à atteindre.

Les bébés entraînés se montrèrent aussi beaucoup meilleurs dans une situation analogue à celle de l'expérience du prisme décrite précédemment. Ils réussirent plus tôt que les bébés du groupe contrôle à ajuster visuellement la main et l'objet de manière à corriger un pointage erroné. Est-ce simplement parce qu'ils avaient eu plus d'occasions et d'incitations à voir leurs mains, et s'étaient ainsi habitués à leurs mains plus précocement, ou bien d'autres facteurs étaient-ils en jeu, nous ne sommes pas en mesure d'en décider actuellement.

Etant donné que le passage du mouvement de la Phase I au mouvement de la Phase II peut être accéléré par un type particulier d'intervention environnementale, pouvons-nous en inférer que ce changement développemental est nécessairement produit par de telles expériences et qu'il ne surviendrait pas sans elles? Ce serait, pour l'instant, s'avancer trop loin. Dans une expérience, on ne donna aux bébés rien d'autre à atteindre que des objets tout à fait rigides[7]. Puisque les objets rigides restaient bien en place au lieu de s'écarter quand la main les touchait, le mouvement intégré (Phase I) ne pouvait que se trouver renforcé dans cette situation. Cette manœuvre réussit à retarder l'apparition de mouvement de Phase II. Cependant, elle ne la retarda pas longtemps. Le comportement émergea de toute manière. Nous ne pouvons dire si ce fut en raison des expériences que les bébés avaient hors de la situation expérimentale avec des objets normaux, ou à la faveur d'un processus de maturation.

Dans le cas de l'acte d'atteindre et de saisir, tous les comportements pertinents sont créés par maturation. Le nouveau-né présente le mouvement de saisie sous l'effet d'une stimulation tactile; il est capable d'un mouvement de pointage et de préhension déclenché par stimulation visuelle. Mais il semble probable que l'environnement joue un rôle dans l'agencement de ces comportements entre eux, agencement qui débouche sur le mouvement achevé d'atteinte et de prise de l'objet. Nous sommes en présence d'un cas très net d'interaction, les événements du milieu favorisant certaines coordinations précâblées et en décourageant d'autres, de sorte que s'installe une structure particulière d'acte moteur.

La structure remplacée, le mouvement intégré de Phase I, ne disparaît d'ailleurs pas complètement. Dans une expérience avec des objets virtuels, on constata que des bébés de onze mois pouvaient encore produire le mouvement intégré. Les bébés tendaient la main pour toucher l'image — et naturellement n'y parvenaient pas. Ils essayaient toute une variété de comportements pour attraper l'objet, et après un certain temps, souvent très avant dans la séance expérimentale, certains d'entre eux lançaient un mouvement intégré de pointage et de préhension tout à fait comparable au geste de préhension qu'aurait produit des bébés beaucoup plus jeunes. Apparemment, la capacité est encore présente, bien qu'elle ne soit normalement plus employée à ce stade, et l'enfant peut y recourir si la situation l'exige. Il semble que l'environnement sélectionne et façonne les comportements à court terme aussi bien qu'à long terme.

LE DÉVELOPPEMENT MOTEUR CHEZ LES BÉBÉS AVEUGLES

L'étude du développement moteur de l'enfant aveugle est d'un grand intérêt théorique et d'une grande importance pratique. Il y a à peu près 5 000 bébés aveugles chaque année aux Etats-Unis. Leur développement moteur s'écarte de la norme des enfants pourvus de vision. A cause de cela peut-être, leur développement cognitif est lui aussi différent. Et à son tour, pour des raisons peut-être liées, le développement de leur personnalité est également différent. Toutes ces différences doivent être dues à l'absence de vision, et à l'incapacité des autres sens à fournir l'information que, normalement, la vision apporte. Il est important d'analyser ces différences si nous voulons définir le rôle de la vision dans le développement normal de façon plus précise que par la seule étude directe des individus qui jouissent de leurs yeux. D'autre part, en découvrant ce que, normalement, la vision fournit que les autres sens ne fournissent pas, nous pouvons rechercher les moyens d'apporter cette information manquante à l'aide des autres modalités sensorielles, de telle sorte qu'elles suppléent plus efficacement à la vision.

La figure 6.3 montre le déroulement du développement moteur pour les bébés aveugles et pour les bébés qui voient normalement. Notons qu'il n'y a que deux domaines dans lesquels la cécité semble affecter le développement moteur : les comportements liés à la préhension et les comportements liés à la locomotion indépendante. Les bébés aveugles ne parviennent que très tard à atteindre de la main des objets sonores. Certains d'entre eux n'y parviennent même jamais. La locomotion indépendante — marcher sans l'aide d'un guide humain — est plus difficile encore. On m'a dit que près de dix pour cent seulement de la population des aveugles de naissance arrivent à se déplacer de façon autonome. Sur dix bébés nés aveugles, il n'y en a qu'un qui parviendra à se promener par lui-même[8].

La comparaison de tables de développement comme celles de la figure 6.3 comporte en fait une méprise. Les conditions du testing sont évidemment différentes, puisque les bébés normaux peuvent utiliser leur vision, alors que ce n'est pas le cas pour les bébés aveugles. Si l'on teste les bébés normaux dans l'obscurité, ils perdent leur avantage apparent. Examinons le développement de la préhension d'objets sonores chez des normaux et des aveugles. Au début du développement, nous ne relevons aucune différence dans la plupart des divers mouvements de la main que nous avons décrits. On observe même des bébés aveugles regardant leurs mains, si l'on peut dire, c'est-à-dire suivant leurs mains de leurs yeux aveugles[9]. On imagine difficilement preuve plus nette de l'unité, de l'indifférenciation primitive des sens, discutée au chapitre 5. On ne s'étonnera pas non plus de voir le bébé aveugle tourner les yeux vers une source sonore. De même il étendra la main pour saisir la source du son. Les bébés normaux testés dans l'obscurité se conduisent exactement de la même manière. Ils regardent leurs mains, tournent la tête dans la direction de la source sonore et étendent la main pour la saisir[10]. Le geste du bébé pour atteindre un objet sonore devient tout à fait précis vers l'âge de six mois. Souvenons-nous, cependant, que ce comportement se met alors à décliner rapidement. Les sons deviennent des événements à

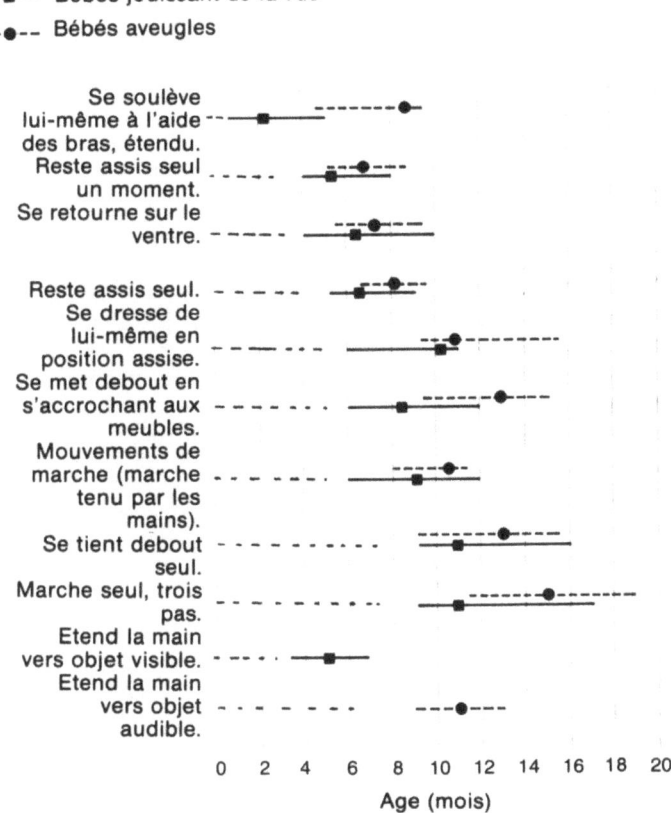

Fig. 6.3. Comparaison entre le développement d'enfants aveugles et d'enfants qui voient (données extraites de Adelson et Fraiberg, 1974).

écouter, plutôt que des événements à atteindre de la main ou à regarder. Ceci est vrai aussi bien du bébé aveugle que du bébé qui voit normalement. Passé ce stade, c'est une entreprise lente et difficile que de provoquer à nouveau le geste de pointage vers les objets sonores invisibles, que ce soit chez l'aveugle ou chez le normal.

Ce qu'il nous faut expliquer, dès lors, c'est la perte de la spécification de l'objet par le son produit, perte qui survient autour de six mois. A ce stade, les sons cessent de spécifier quelque chose à regarder ou à toucher; ils deviennent simplement des événements à écouter.

Il existe plusieurs explications possibles. La première, et la plus pessimiste, invoque des processus cérébraux qui, résultat normal et inéluctable de la croissance, produiraient la dissociation. Cette explication est voisine de l'hypothèse selon laquelle les mouvements de marche ou de pointage observés chez le nouveau-né se perdent tout simplement. Comme nous avions des raisons de douter de cette explication dans ce dernier contexte, de même devons-nous en douter ici, ne serait-ce que pour son pessimisme extrême. Elle impliquerait, en effet, que rien ne peut être tenté pour alléger le handicap du bébé aveugle.

A côté de ces objections de principe, on peut imaginer des explications fonctionnelles au déclin de l'usage du son pour spécifier la localisation des objets. L'une d'entre elles concerne les limitations sensorielles des sons produits par les objets. Nous pouvons distinguer si un son vient de gauche ou de droite en utilisant le décalage temporel entre l'arrivée des ondes sonores aux deux oreilles. C'est là une spécification que les sons produits par les objets nous fournissent. Mais il est d'autres spécifications qu'ils ne fournissent pas. Examinons-les.

Nous n'avons aucun moyen de distinguer entre des sons provenant directement soit d'en face de nous, soit de derrière nous. C'est là une des premières lacunes, et sans doute la moins grave. Comme le montre la figure 6.4, des sons provenant de l'une ou l'autre de ces directions peuvent donner lieu au même décalage temporel. Pour les adultes, cette ambiguïté n'est pas bien grave, car elle se résoud facilement par un mouvement de la tête. Les jeunes enfants, cependant, sont moins aptes à exécuter de tels mouvements de la tête. Les enfants aveugles, en particulier, ne disposent d'aucun moyen pour vérifier visuellement s'ils ont correctement situé la source sonore.

Une seconde lacune dans l'information fournie par les sources sonores concerne la spécification de la position en haut ou en bas, ou position d'azimut. On discute encore beaucoup sur la question de savoir si les adultes sont capables de repérer la position d'azimut sans recourir à des mouvements de la tête tels que ceux qu'indique le schéma de la figure 6.4. Avec de tels mouvements de la tête, il n'y a aucun problème — mais, encore une fois, ils font problèmes pour les jeunes enfants.

La lacune la plus grave dans l'information fournie par les sources sonores concerne la distance. Il est impossible, pour l'adulte aussi bien que pour le bébé, de dire à quelle distance se trouve une source sonore. Même pour des objets sonores familiers, l'estimation de la distance est, chez l'adulte, à peine meilleure que ce que laisserait attendre le hasard. Nous pouvons extraire certaines informations sur la distance grâce à des mouvements de va-et-vient par rapport à la source sonore. Si un pas dans la direction de la source du son double son intensité subjective, nous

LE DÉVELOPPEMENT MOTEUR 107

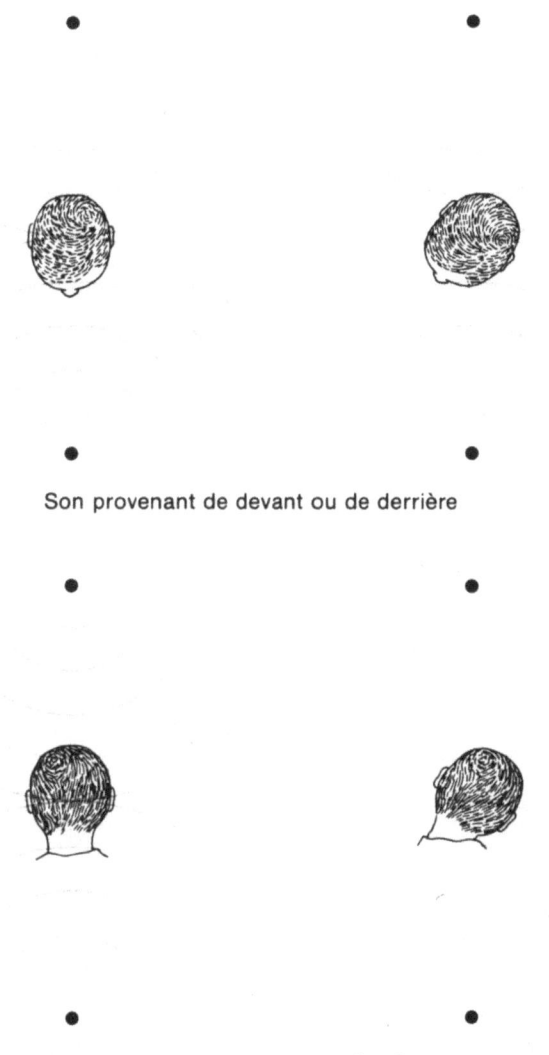

Son provenant de devant ou de derrière

Son provenant d'en-haut ou d'en-bas.

Fig. 6.4. Le seul moyen de déterminer si une source sonore est située devant ou derrière, au-dessus ou en dessous, consiste à bouger la tête pour faire varier le décalage temporel entre le moment d'arrivée du son aux deux oreilles.

pouvons en deviner approximativement la distance. L'estimation est cependant très compliquée. L'intensité d'un son ne change pas directement en fonction de la distance, comme c'est le cas pour la grandeur de l'image rétinienne dans la vision. Comme, de toute façon, les jeunes enfants sont incapables de se déplacer par eux-mêmes, la question est, pour ce qui les concerne, assez académique.

A côté de toutes ces informations manquantes, les sources sonores soulèvent encore d'autres problèmes. Tout d'abord, il n'y a rien dans un son qui spécifie quel genre d'objet le produit. Prenons l'exemple évident de la voix humaine. La voix peut venir d'une face humaine, d'un poste de télévision, d'un haut-parleur d'une chaine hi-fi ou d'une radio portative. Seule cette dernière est, pour le bébé, un objet que l'on peut saisir ; ce n'est le cas pour aucun des autres. En second lieu, il y a, en réalité, peu d'objets dans l'univers qui produisent des sons. Le bébé, aveugle ou normal, rencontrera continuellement des objets qui ne produisent aucun bruit.

Replaçons tout cela dans un contexte strictement fonctionnel. Prenons un bébé aveugle, qui désire atteindre et saisir les objets sonores et en est capable. D'après le son, il pourra dire si l'objet est situé dans l'axe médian, à sa gauche ou à sa droite. Supposons que le son indique que l'objet se situe dans l'axe médian. Il ne peut indiquer si c'est devant ou derrière, ni en haut ni en bas, près ou loin. S'il s'agit d'un son continu, le bébé a une certaine chance de préciser les deux premières de ces trois dimensions. Pour la dernière, c'est impossible. Si le son n'est pas continu, de sorte qu'il n'y a pas moyen de le situer grâce à des mouvements de la tête, les deux premières dimensions sont, perceptivement, impossibles à préciser également. Supposons que le bébé étende la bras. Quelles sont ses chances réelles de capturer l'objet ? Il faut bien admettre qu'elles sont fort minces. Aveugle ou non, le bébé n'aucune connaissance infuse quant à la position précise dans l'axe gauche-droite ou dans l'axe vertical ; il ne peut en particulier avoir aucune information précise ni sur la distance à laquelle se trouve l'objet, ni sur la longueur de son bras.

Le bébé aveugle est confronté à une difficulté particulière en ce qui concerne la longueur de son bras. Pour que le mouvement de pointage vers l'objet soit bien ajusté, il faut que soient spécifiées avec précision les coordonnées spatiales, la distance et la longueur du bras. Le bébé normal qui étend le bras et manque la cible peut *voir* pourquoi il l'a manquée. Il peut voir sa main passer trop haut ou trop bas, en deçà ou au-delà de l'objet. L'enfant normal dispose ainsi d'un moyen de corriger ses erreurs de pointage dont ne dispose pas l'enfant aveugle.

Dans une analyse strictement fonctionnelle, un comportement qui est renforcé aussi rarement que le mouvement d'atteinte vers des objets sonores invisibles, un comportement dans lequel même la source d'erreur est à peine détectable, un tel comportement devrait simplement s'éteindre, disparaître — or c'est précisément ce qui se passe. Même les bébés aveugles qui recommencent à présenter des mouvements de pointage en présence d'indices sonores ne le font pas de manière orientée, dirigée. On dirait plutôt que le son signale seulement qu'il y a quelque chose quelque part par là. Il ne signale pas exactement où ce quelque chose se trouve. Cela n'a rien d'étonnant si l'on tient compte de l'information limitée qu'apportent les sons produits.

La présentation d'objets sonores soulève encore, pour les bébés aveugles, un autre problème, plus subtil. On le saisira le plus aisément en examinant une expérience réalisée par Held et Hein[11]. Deux chatons sont reliés entre eux par un appareil représenté à la figure 6.5. L'un d'eux, le chaton actif, peut se déplacer volontairement à sa guise dans les limites imposées par l'appareil. S'il aperçoit quelque chose d'intéressant, il peut se diriger dans cette direction ; s'il aperçoit quelque chose d'aversif, il peut s'en éloigner. Le chaton peut employer son information visuelle pour contrôler ses mouvements, et il peut employer ses mouvements pour contrôler les stimulations visuelles qu'il reçoit. Ce chaton contrôle aussi les informations visuelles de son congénère. Puisque le chaton passif ne peut se déplacer de façon indépendante, toutes les informations visuelles qu'il reçoit sont fonction des mouvements du chaton actif. Il ne dispose d'aucun contrôle sur ces stimulations, d'aucun moyen de les changer, d'aucun moyen d'entrer en interaction avec ce qu'il voit. Sa relation avec les stimulations visuelles est entièrement passive, elle ne laisse aucune place au contrôle par son comportement propre.

Lorsqu'on retire les chatons de l'appareil et qu'on les soumet à une série de tests visuels, le chaton actif se révèle pratiquement normal. Le chaton passif, par contre, ne réagit tout simplement pas aux stimulations visuelles. Il voit pourtant. Son système visuel est normal, mais il a perdu la capacité de répondre à ce qu'il voit. Forcé à la passivité dans la situation expérimentale, il est devenu passif et inactif dans toutes les situations.

Revenons maintenant à la situation du bébé aveugle. Les stimulations auditives qu'il reçoit lui sont délivrées par d'autres ; il est un auditeur passif. Il est, en effet, privé de tout contrôle sur les stimulations qu'il reçoit. Il ne peut s'éloigner d'un son s'il est aversif. Il ne peut faire

Fig. 6.5. Dans cette expérience, le chaton passif, transporté dans la gondole, est pratiquement exposé aux mêmes stimulus visuels que le chaton actif, puisque les mêmes motifs se répètent sur la paroi extérieure et sur le pilier central. Le chaton actif se déplace plus ou moins librement; ses principaux mouvements sont transmis au chaton passif par l'intermédiaire de la chaine et de la barre. La seule différence tient à la possibilité pour les chatons de contrôler les changements spécifiques dans l'expérience sensorielle. Le chaton actif développe une coordination sensori-motrice normale; le chaton passif n'y parvient pas avant que ce soient écoulés plusieurs jours depuis la sortie de l'appareil (d'après Held et Hein, 1963).

continuer un son s'il est agréable. En bref, le bébé aveugle est exactement dans la même situation par rapport aux stimulations auditives que le chaton passif de l'expérience de Held par rapport aux stimulations visuelles. Faut-il s'étonner, dès lors, que le bébé aveugle devienne passif face aux stimulations auditives qui s'abattent sur lui de l'extérieur?

A ce propos, il convient de rappeler une observation faite maintes fois sur le tempérament des bébés aveugles[12]. Ce sont de «bons» bébés, calmes, peu exigents, de caractère égal — en un mot, *passifs*. Est-il excessif de supposer que la passivité sensori-motrice diffuse, pour

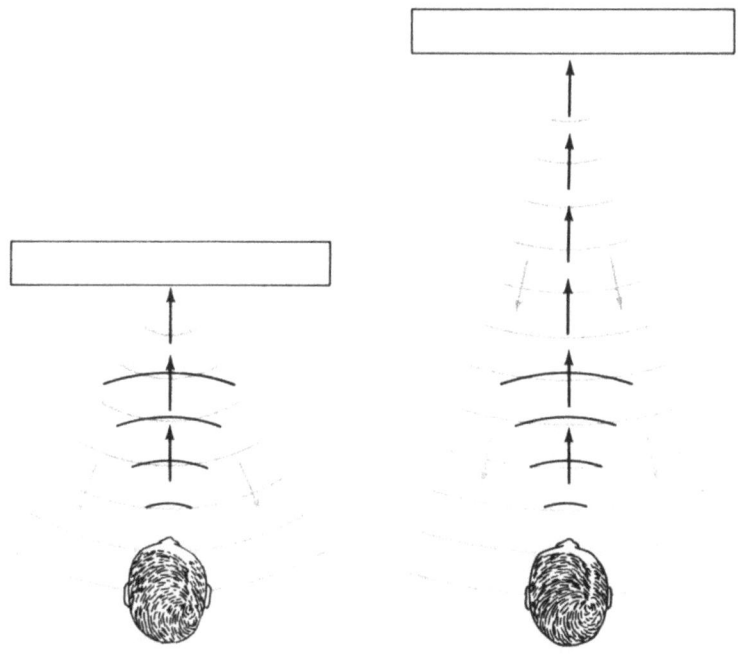

Fig. 6.6. Un écho spécifie la distance d'un objet par le délai entre la production d'un son et le retour de ce son en écho.

devenir un trait général de personnalité, une attitude généralisée envers le monde, une sorte d'impuissance acquise habituelle, permanente ?

Tout ce qui précède s'applique à une classe de stimulus auditifs, les sons qui proviennent d'objets producteurs de bruits. Il existe cependant toute une classe de stimulus auditifs qui ne sont pas sujets à de telles limitations — les stimulus qui viennent des échos. Supposons que nous faisons un bruit avec la langue et les lèvres. Les ondes sonores produites par ce bruit se répandent à partir de la bouche et rebondissent à partir de tout objet qui se trouve sur leur chemin. Les échos produits de cette façon contiennent une masse d'informations que les sons émis par des objets ne contiennent pas. Voyons de plus près en quoi consistent ces informations.

La première dimension, et la plus importante, que fournissent les échos est la distance. Puisque le son voyage à une vitesse constante, plus un objet est éloigné, plus il faudra de temps pour que son écho atteigne l'oreille (fig. 6.6). La relation est parfaitement prévisible. C'est un meilleur indicateur de distance qu'aucun stimulus visuel, s'il est traité purement comme stimulus. En second lieu, les échos spécifient la direction radiale des objets. L'écho d'un objet situé à droite atteint l'oreille droite avant l'oreille gauche, et *vice versa*, exactement comme les ondes sonores produites par un objet. Un écho ne spécifie pas la position azimut. Cependant, si l'on produit soi-même les sons qui provoquent l'écho, et qu'on le fasse en coordination avec les mouvements de la tête, il est possible de découvrir sans difficulté la position d'azimut d'un objet.

Un écho peut aussi spécifier la taille d'un objet. Plus l'objet est grand, et plus grande sera la part de l'onde sonore qu'il réfléchira. Cette variable, combinée à la spécification de la distance, permet de déterminer avec précision la taille de l'objet quelle que soit la distance. Les échos peuvent même spécifier, jusqu'à un certain point, la forme d'un objet, bien que cette spécification soit loin d'être précise.

Quel rapport ces affaires d'échos ont-elles avec les bébés aveugles? On sait depuis plusieurs années que les aveugles adultes qui se déplacent ont recours aux échos, ils en extraient des informations qu'ils exploitent pour s'orienter[13]. Ils utilisent les échos de leurs pas, les échos du bout de leur canne, les échos qu'ils produisent en claquant des doigts, etc. Des échos de ce genre ne sont pas toujours disponibles. Cependant, si une personne aveugle est pourvue d'un bruiteur automatique qui produit des échos plus précis que les moyens naturels mentionnés ci-dessus, son aptitude à s'orienter dans son environnement habituel devient plus précise. Au cours des dernières années, on a poursuivi des recherches sur des dispositifs producteurs d'échos plus raffinés encore.

Supposons qu'un bébé aveugle soit capable d'utiliser les échos. Quelles occasions aurait-il de le faire? Dans le milieu domestique habituel, il en aurait fort peu. Le bébé ne peut produire des échos en frappant du talon ou en claquant des doigts. La seule source spontanée dont il dispose est sa voix. Cependant, son environnement ne sera généralement pas assez calme, ou ne contiendra pas le type de mobilier qui permettrait d'exploiter ces échos. Dans une maison meublée de radio, télévision et autres appareils électriques, et équipée de tapis et de tentures spécialement destinés à absorber les sons, il n'y a pas beaucoup d'occasions d'utiliser le genre d'échos qu'un bébé peut produire. L'information subtile que contiennent les échos sera masquée par le niveau de bruit ambiant.

Cela a-t-il quelque importance? Existe-t-il des preuves que les bébés, aveugles ou normaux, sont capables d'utiliser les échos? Nous en avons au moins à propos d'un bébé aveugle[14]. J'ai eu la chance de pouvoir tester ce bébé alors qu'il avait en fait six semaines*. A ce moment, son répertoire comportemental était déjà très étendu. Ses vocalisations aussi étaient très curieuses : il produisait une quantité démesurée de bruits aigus et brefs avec les lèvres et la langue. Je n'ai jamais entendu un bébé normal faire ce genre de bruits. Je fis l'hypothèse qu'ils étaient destinés à produire des échos. Pour la tester, je suspendis, tout à fait silencieusement, un grand ballon en face du bébé. Le bébé tourna la tête, comme pour «regarder» dans sa direction. Je déplaçai le ballon, toujours en silence. Après avoir produit une série de ses bruits brefs intermittents, il tourna la tête pour suivre le déplacement.

Il répéta cette performance sept fois. Tous les mouvements du ballon étaient parfaitement silencieux. La performance était si spectaculaire qu'elle amena l'un des témoins à douter du diagnostic de cécité. Un autre songea spontanément à l'explication en termes de localisation par l'écho. Il semble clair que ce bébé était capable d'utiliser les échos qu'il produisait pour localiser les objets.

On expliqua cette interprétation aux parents de l'enfant, et on leur demanda de faire en sorte qu'il ait toujours des occasions de mettre à profit cette aptitude. A cette fin, ils arrangèrent des jouets au-dessus du berceau. Ils changèrent la position des jouets chaque fois qu'ils posaient le bébé. Tous ces jouets produisaient des bruits d'une sorte ou d'une autre, ou devenaient bruyants lorsqu'on les heurtait ou les tirait. Le bébé apprit très vite que, lorsqu'on le déposait dans son berceau, il trouverait quelque part un jouet avec lequel s'amuser. Cependant, le seul moyen pour lui de le découvrir était d'utiliser les échos. Il y réussit fort bien. A l'âge (corrigé) de seize semaines, il pouvait régulièrement repérer tout objet d'une certaine dimension suspendu au-dessus de son berceau. Il était capable, jusqu'à un certain point, de généraliser cette aptitude à d'autres situations.

A cet âge, le bébé fut équipé d'un dispositif très raffiné de localisation par écho, qui pouvait produire des échos à partir d'objets aussi petits qu'une aiguille à tricoter. De plus, il fonctionnait continuellement, sans intervention active du bébé, de telle sorte que ce dernier pouvait utiliser ses vocalisations à d'autres fins. Au début, lorsque le bébé fut équipé de ce dispositif, il n'en fit d'abord rien. Mais après quelques minutes, voici ce que l'on put observer. Quand un objet était approché ou éloigné du

---

* L'âge chronologique du bébé était de seize semaines. Cependant, il était né dix semaines avant terme, de sorte que son âge, calculé à partir de la conception, était de quarante-six semaines, ce qui le rend comparable à un bébé normal de six semaines.

visage de l'enfant, on assistait à des mouvements oculaires convergents et divergents, ce que le bébé n'avait jamais fait auparavant. Des déplacements d'un côté à l'autre déclenchaient des mouvements assez précis de projection de la main vers l'objet.

Au moment où j'écris ces pages, ce bébé est âgé de six mois. Il est capable, avec les deux mains, d'atteindre pour les saisir des objets silencieux. Il peut reconnaître deux objets silencieux et les distinguer de n'importe quel autre. L'un est son biberon, auquel il réagit en ouvrant la bouche avant qu'il ne soit là. L'autre est un jouet favori. Dans ce cas, on vérifie la recognition par la volonté continuelle de l'enfant d'atteindre et de prendre ce jouet en particulier, tandis qu'il refuse de prendre tous les autres. Ce comportement s'intègre aussi très harmonieusement et très efficacement au jeu qu'il exécute avec ce jouet : il place sa surface feutrée contre la joue et le presse pour le faire crisser. Lorsqu'on présente le jouet favori, la séquence des mouvements se déroule de façon harmonieuse, comme un acte intégré : étendre les deux mains et saisir, puis transférer à une seule main, ramener la main vers soi pour comprimer la surface de tissu contre la joue. Ceci ne serait pas possible s'il n'y avait au préalable recognition de l'objet.

Il est naturellement beaucoup trop tôt pour dire si cette aptitude persistera. Néanmoins, ces premiers résultats sont des plus encourageants. Grâce à son dispositif générateur d'échos, ce bébé est en mesure de faire des choses que l'on a coutume de rencontrer chez l'enfant qui voit plutôt que chez le bébé aveugle. On est également en droit de dire que ce bébé n'est plus du tout passif dans ses interactions avec le monde qui l'entoure.

Il semble y avoir dépendance entre les mouvements de pointage et la locomotion chez l'aveugle. En l'absence d'un canal d'information qui lui indique qu'il y a devant lui une surface solide propre à lui servir de support, l'enfant aveugle marche dans le vide complet. Tout ce que nous avons dit plus haut à propos de la spécification des objets à atteindre s'applique, avec plus de pertinence encore, à la spécification des surfaces sur lesquelles marcher. Le problème de base est un problème de suppléance sensorielle.

LE DÉVELOPPEMENT MOTEUR DANS LE SYNDROME DE DOWN

Le retard du développement moteur caractérise aussi d'autres types de handicaps développementaux. C'est le cas, par exemple, du *syndrome de*

Down, un défaut génétique provoqué par la présence d'un chromosome supplémentaire. Chez l'enfant atteint de ce syndrome, une aptitude motrice quelconque met deux fois plus de temps pour se développer que chez l'enfant normal. Cette affection résultant d'un chromosome en excès, on a longtemps admis que l'arriération était inévitable et irréversible. Il ne semble pas qu'il en soit ainsi.

Deux recherches méritent mention dans ce texte. Dans une étude de grande envergure, des bébés atteints du syndrome de Down bénéficièrent, à partir de l'âge de deux ans, d'exercices intensifs dans toute une série de tâches sensori-motrices[15]. A deux ans, ces bébés étaient comme des enfants normaux d'un an. A l'âge de trois ans et demi, après dix-huit mois d'exercice, ils présentaient les aptitudes motrices et manipulatoires des enfants normaux de trois ans et demi. On ne sait pas si cette spectaculaire amélioration au niveau de l'intelligence manipulatoire aura des répercussions dans d'autres domaines des aptitudes cognitives. La seconde recherche était centrée sur un seul bébé[16]. On donna à ce bébé un contrôle opérant sur un objet dans son environnement. Il n'en fallut pas plus pour augmenter son niveau d'activité, accélérer l'apparition du sourire, et accélérer le développement des conduites de pointage et de préhension à un point qui passerait pour précoce même chez des bébés normaux.

Ces études montrent, je pense, que même en présence d'une anomalie génétique, des manipulations appropriées de l'environnement peuvent, dans une certaine mesure du moins, donner au développement un élan qui le rapproche du niveau normal. On ignore aujourd'hui quelles limitations pèsent sur ces progrès. Cependant, les transformations obtenues sont assez spectaculaires pour qu'il vaille la peine de poursuivre dans cette voie de recherche. Là où le développement se trouve entravé soit par une privation d'informations essentielles, comme c'est le cas dans la cécité, soit par une anomalie génétique, comme c'est le cas dans le syndrome de Down, des modifications judicieuses de l'environnement peuvent, semble-t-il, alléger, dans une appréciable mesure, le fardeau du handicap. C'est là sans doute un argument en faveur de l'importance de l'environnement dans tout le développement moteur.

NOTES

[1] Dennis, 1940.
[2] André-Thomas et Dargassies, 1952; Zelazo, Zelazo et Kolb, 1972.
[3] Lenneberg, 1967; McNeill, 1966.
[4] Gesell et Thompson, 1929.
[5] Bower, 1973; Bruner et Koslowski, 1972.
[6] Bower, 1973.
[7] White et Held, 1966.
[8] Adelson et Fraiberg, 1974.
[9] Freedman, 1964.
[10] Bower et Wishart, 1973.
[11] Held et Hein, 1963.
[12] Burlingham, 1961.
[13] Supa, Cotzin et Dallenbach, 1944; Cotzin et Dallenbach, 1950.
[14] Bower, Watson, Umansky et Magoun, 1976.
[15] Rynders, 1975.
[16] Watson, 1976.

Chapitre 7
Le développement cognitif

Certains des faits les plus étonnants chez les bébés concernent le développement cognitif qui se déroule au cours de la première enfance. Bien que l'on pense généralement que des concepts tels que le nombre ou la conservation se développent autour de trois ou quatre ans, longtemps après que l'enfant ait appris à parler, les bébés manifestent ces concepts à un niveau fonctionnel dès l'âge d'un an. Dès ce moment, ils ont également acquis des concepts fondamentaux tels que la notion d'objet, les relations spatiales, le poids et la causalité. L'âge auquel ces concepts apparaissent est assez variable, et chaque progrès cognitif semble dépendre d'un conflit entre deux ou plusieurs réponses élaborées antérieurement, conflit qui doit se résoudre dans une situation de solution de problème.

Le développement cognitif est peut-être le domaine le plus actif et le plus important du développement chez le bébé humain. Quand nous pensons aux jeunes bébés, nous ne les voyons pas comme des intellectuels. En conséquence, l'idée que les bébés tirent de la solution de problèmes un plaisir intellectuel peut paraître saugrenue. Néanmoins, comme nous l'avons vu au chapitre 3, les bébés sourient avec vigueur quand ils découvrent la solution d'un problème nouveau. Il existe d'autres indices de ce qu'ils apprennent vraiment pour le plaisir d'apprendre.

LES PLAISIRS D'APPRENDRE

Les bébés sont fascinés par les problèmes : c'est là un fait que démontrent tout à fait clairement des expériences dont voici un exemple. Papousek montra à des bébés un tout petit écran lumineux, qu'ils pouvaient éclairer en faisant le mouvement de tête approprié[1]. Il découvrit que les bébés produisaient de nombreux mouvements de tête jusqu'au moment où ils réalisaient comment allumer la lampe ; à partir de ce moment-là, leurs mouvements de tête diminuaient. Si l'on changeait les contingences de telle sorte qu'un mouvement de tête différent était désormais nécessaire pour allumer la lampe, les bébés, tôt ou tard, remarquaient que les choses avaient changé, et l'on assistait alors à une véritable explosion d'activité accompagnée d'un large sourire lorsque le bébé découvrait la coordination correcte — puis l'activité chutait. Que l'on changeât à nouveau les contingences, et l'activité reprenait, pour cesser dès que l'enfant avait résolu le problème.

Les bébés, si nous en croyons la description de Papousek, étaient puissamment intéressés, fascinés par ce jeu, et ils en tiraient le plus grand plaisir. Le plaisir n'était pas dans la lumière ; les bébés y prêtaient à peine attention. Ils se bornaient à jeter un regard dans sa direction pour voir s'ils avaient trouvé le truc. C'était la solution du problème qui les motivait. Aussi longtemps que le problème n'était pas résolu, ils étaient actifs. Une fois la solution découverte, de sorte qu'il ne leur restait plus rien d'autre que d'allumer cette lumière ennuyeuse, ils ne se souciaient plus de le faire.

C'est extrêmement intéressant, et très important, que la solution de problèmes soit, en elle-même, source de motivation pour les bébés, qu'ils agissent pour résoudre des problèmes. En un sens, cela veut dire que nous n'avons pas à nous tracasser pour trouver des moyens qui amènent les bébés à apprendre ou à acquérir des connaissances. Ils aiment à le faire pour le plaisir que cela leur donne.

Il y a eu de nombreuses tentatives pour décrire les changements dans le fonctionnement cognitif qui surviennent au cours de la première enfance. Le processus d'apprentissage lui-même subit des modifications considérables. Monnier a réalisé une expérience semblable à celle de Papousek, dans laquelle des bébés pouvaient contrôler un mobile en bougeant leurs bras ou leurs jambes[2]. Chaque bras et chaque jambe était relié à l'appareil et le problème du bébé était de découvrir quel bras ou quelle jambe actionnerait le mobile. Les bébés les plus jeunes — âgés de quatre mois environ —, découvraient la solution simplement en s'adonnant à une grande activité. Ils découvraient la jambe ou le bras efficace, apparemment, plus ou moins par hasard. Les bébés plus âgés, par contre, abordaient le problème de façon tout à fait systématique, essayant d'abord un bras, puis l'autre bras, puis une jambe, puis l'autre jambe. Si les contingences changeaient, de telle sorte que le membre efficace jusque-là cessait de l'être, ils reproduisaient la même démarche, jusqu'à ce qu'ils aient découvert le membre responsable du mouvement.

Dans une autre phase de l'expérience, la tâche fut rendue plus difficile en exigeant des combinaisons de mouvements. Les bébés, âgés de neuf mois ou un peu plus, étaient apparemment capables de maîtriser ce genre de problème. Systématiquement, ils remuaient d'abord les deux bras, puis les deux jambes, un bras et une jambe, l'autre bras et l'autre jambe, et ainsi de suite jusqu'à épuisement des combinaisons possibles. Ils étaient capables de disséquer leurs propres mouvements et de les combiner dans diverses permutations de manière à découvrir celle qui était effectivement valable dans la situation du moment.

Si ces changements dans les capacités de solution de problèmes sont extrêmement fascinants, et sans doute de grande importance, ils n'ont été décrits que tout récemment, et nous ignorons encore quels en sont les fondements. Les changements dans l'attitude à apprendre sont-ils déterminés par les expériences au contact du milieu, par la maturation, ou par une combinaison des deux, nous n'en savons rien, car les recherches nécessaires pour répondre à cette question n'ont pas encore été réalisées.

LE DÉVELOPPEMENT DE LA NOTION D'OBJET

Un domaine a été étudié de façon approfondie : le développement de la notion d'objet, un segment du développement qui absorbe une bonne partie de la vie du bébé. Il est parfaitement clair que les bébés ne se représentent pas les objets de la même manière que nous. Ils semblent plutôt identifier les objets en termes soit de position dans l'espace, soit de mouvement[3]. Un bébé semble incapable de comprendre que le même objet peut apparaître en des endroits différents, ou que différents objets peuvent apparaître à la même place. Il ne semble pas non plus comprendre qu'un objet doit bouger pour passer d'un endroit à un autre.

Supposons, par exemple, que l'on présente à un bébé un objet — un petit train — qui se déplace du centre de la voie vers la droite, s'arrête un moment, revienne vers le centre, puis après un bref instant d'arrêt au centre, reparte vers la droite, et ainsi de suite. L'événement dans son ensemble est parfaitement visible. Après quelques essais, des bébés de douze semaines sont capables de suivre l'objet du centre vers la droite et retour de manière tout à fait précise. Ils semblent très bien comprendre ce qui se passe.

Mais voyons ce qui se passe lorsque l'objet est déplacé dans une autre direction; après l'arrêt au centre, l'objet va à gauche au lieu d'aller à droite. Les bébés tournent la tête et regardent à nouveau vers la droite, là où ils avaient antérieurement vu l'objet. Ils ont l'air très surpris de ne rien trouver par là, alors que l'objet est tout à fait visible à gauche. Du point de vue du bébé, il y a deux objets stationnaires, l'un au centre et l'un à droite. Il n'associe pas l'objet qui se trouve au centre avec celui qui est à droite, pas plus que le mouvement d'un endroit à l'autre. Quand l'objet qui se trouve au centre disparaît — ou plus exactement s'est déplacé vers la gauche —, il tourne la tête pour inspecter l'objet fixe de droite, sans se rendre compte apparemment qu'il ne trouvera rien dans cette direction.

Nous observons le même défaut de connaissance conceptuelle si nous présentons au bébé un objet en déplacement qui s'est arrêté. Quand cela arrive, le bébé s'arrête, lui aussi, et regarde l'objet immobilisé. Mais, peut-être parce qu'il trouve l'objet qui bouge plus intéressant, il se met à chercher l'objet mobile le long du trajet qu'il avait suivi, alors même que l'objet immobilisé se trouve droit devant lui. Il ne semble pas comprendre le passage du mouvement à l'immobilité — et qu'il s'agit d'un seul et même objet. Il ne saisit pas que cela signifie qu'il n'y a plus d'objet en mouvement.

Il est des choses plus bizarres encore, bien qu'elles aillent tout à fait de soi pour les jeunes bébés. Ainsi, si l'on présente à de jeunes bébés un objet mobile qui disparaît, tout simplement, au milieu de sa trajectoire, ils se montrent tout à fait indifférents. Un mouvement invisible ne les préoccupe absolument pas[4]. De même, si on leur présente un objet stationnaire qui se transforme en un autre objet, d'aspect totalement différent (fig. 7.1), ils ne paraissent pas autrement étonnés; en tout cas, ils ne regardent pas dans les environs à la recherche de l'objet original. En fait, ce dernier comportement n'apparaît généralement pas avant la seconde moitié de la première année. Entre quatre et cinq mois environ, les bébés commencent à amalgamer leurs idées sur les objets et réalisent qu'un objet est une entité unique susceptible de se déplacer d'un endroit à un autre.

Mundy-Castle et Anglin ont réalisé une expérience tout à fait spectaculaire qui démontre ce progrès dans la connaissance[4]. Ils présentèrent à des bébés un objet qui se déplaçait vers le haut dans une fenêtre, puis,

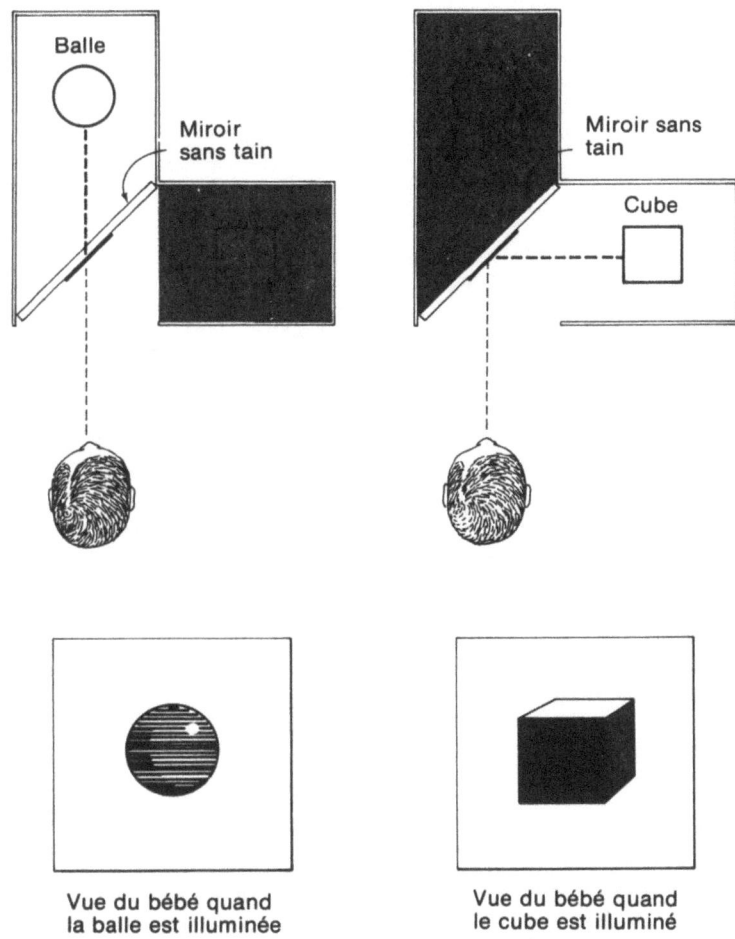

Fig. 7.1. Quand le tunnel contenant la balle est illuminé et le tunnel de droite obscur, le bébé voit la balle à travers le miroir sans tain. Si cette lampe est éteinte exactement à l'instant où le tunnel contenant le cube est éclairé, le bébé voit la balle se transformer mystérieusement en cube.

après un délai déterminé, se déplaçait vers le bas dans une fenêtre voisine, puis à nouveau vers le haut dans la première fenêtre et ainsi de suite (fig. 7.2). Les jeunes bébés transférèrent simplement leur regard d'une fenêtre à l'autre, ou bien suivirent l'objet des yeux jusqu'au plafond ou jusqu'au plancher, prolongeant le trajet du mouvement.

Cependant, quelque part entre quatre et cinq mois, nous assistons à un nouveau développement. Les bébés commencent à interpoler une

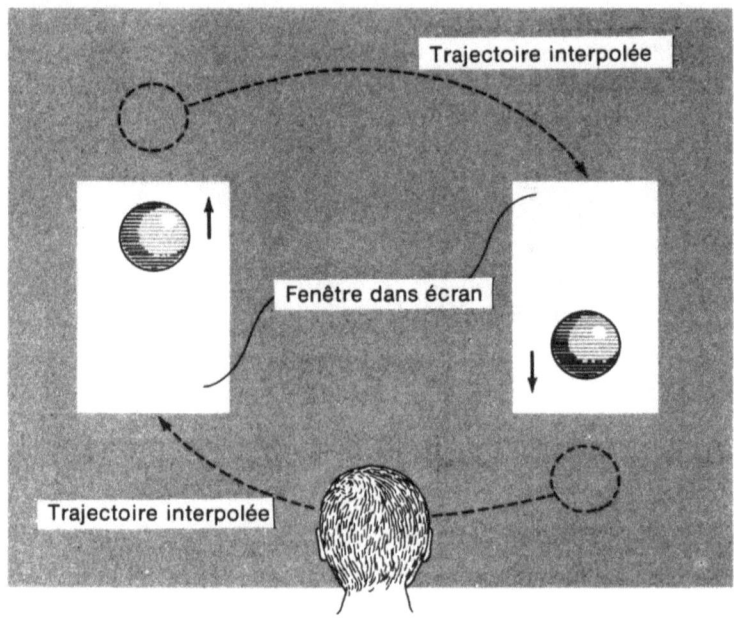

Fig. 7.2. Lorsqu'on présente à des bébés un objet qui se déplace vers le haut dans une fenêtre puis qui descend dans une autre fenêtre, ils suivent l'objet dans son mouvement et interpolent la trajectoire qu'il a le plus de chances de suivre pendant le temps où il est hors de vue (d'après Mundy-Castle et Anglin, 1969).

trajectoire entre la disparition de l'objet au sommet de la première fenêtre et sa réapparition au sommet de la seconde, et entre sa disparition au bas de la seconde et sa réapparition au bas de la première. Ces trajectoires étaient très précises. Elles étaient déterminées par la vitesse du mouvement de l'objet et par le délai pendant lequel l'objet avait été soustrait à la vue. Les bébés semblaient savoir que, pour aller d'un endroit à l'autre, l'objet devait suivre une certaine trajectoire, et ils suivaient cette trajectoire comme pour voir si l'objet n'était pas visible en quelque point de son cheminement.

Nous trouvons une seconde démonstration de ce changement dans la connaissance dans les réactions du bébé à l'apparition de multiples mères (fig. 7.3). Si nous ne nous trompons pas quand nous pensons que les jeunes bébés ne réalisent pas qu'un même objet peut apparaître en plusieurs endroits, il s'ensuit que le bébé doit s'imaginer qu'il a plusieurs mamans, l'une à chacun des endroits où il voit d'habitude sa mère. Qu'arrive-t-il quand on lui présente trois mamans à la fois ? Un bébé de moins de cinq mois n'est pas le moins du monde étonné. En fait, il

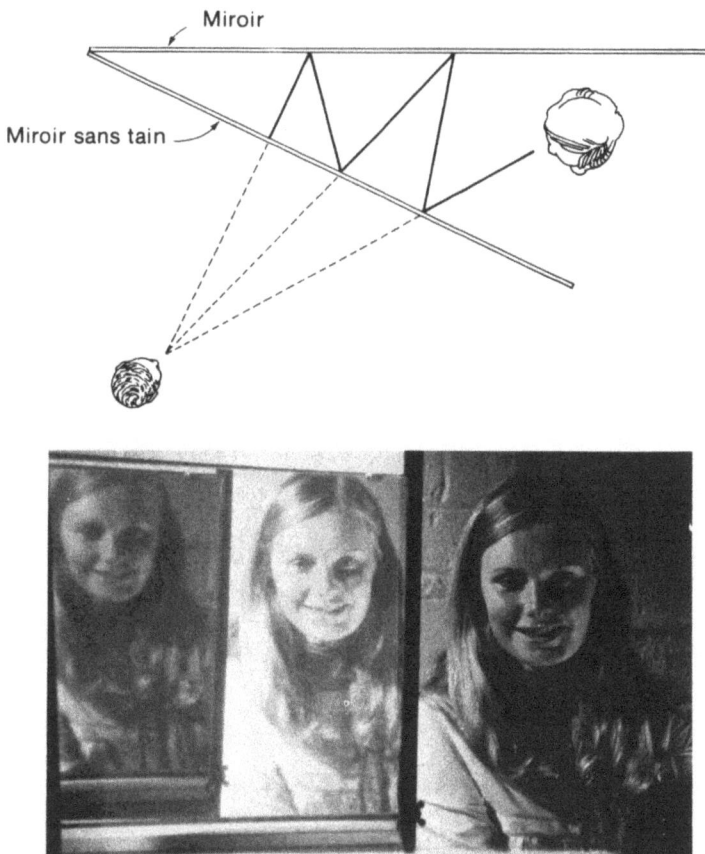

Les mères multiples vues par le bébé

Fig. 7.3. Un jeune bébé ne trouve pas l'apparition de mamans multiples le moins du monde troublante et entre en relation avec chacune d'elles tour à tour. A mesure qu'augmente la compréhension de l'identité de l'objet, l'apparition simultanée de trois mamans devient des plus déconcertantes. Ce changement survient vers l'âge de cinq mois (d'après Bower, 1974 ; photo de Jane Dunkeld).

semble trouver cela très amusant et entre en relation evec les trois mamans tour à tour.

Cet heureux état ne dure pas. La situation d'un bébé de plus de cinq mois est très différente. En présence de trois mamans visibles simultanément, il se montre tout à fait choqué et se met à protester. Convaincu par son expérience qu'il a une seule mère, et que c'est la même qu'il voit partout où il va, il doit être assez déconcertant pour lui d'en voir soudain trois dans la même chambre, qui le regardent de la même manière.

La découverte par le bébé du fait qu'il possède une seule maman semble aussi affecter sa relation avec elle. C'est seulement quand il a saisi qu'il a une maman, et une seule, que le bébé proteste vigoureusement lorsqu'elle disparaît. Avant ce stade, les bébés semblent croire que si leur maman s'en va, une autre va montrer la tête quelque part.

Le développement du système perceptif est certainement important dans cet aspect du développement cognitif. Quand le système perceptif d'un bébé est devenu assez mûr et assez expérimenté pour reconnaître l'identité d'un objet aperçu en différents endroits, il devient plus économique pour lui d'identifier les choses par leurs caractéristiques plutôt que par l'emplacement qu'elles occupent. Dès qu'un bébé a remarqué qu'un objet en un endroit B est le même qu'un objet qui se trouvait à l'endroit A, ou lui est identique, il doit comprendre comment l'objet est passé de A en B. Ceci doit faciliter la coordination de la position et du mouvement, un progrès qui, sans aucun doute, rendra la vie du bébé beaucoup plus simple. Il lui faut s'occuper de beaucoup moins d'objets dès qu'il a compris qu'une grande partie des objets qu'il voit sont, en réalité, le même objet vu à des endroits différents.

LES CONCEPTS DE RELATIONS SPATIALES

Etant donné que l'enfant de cinq mois combine position et mouvement, qu'il sait que les objets peuvent aller d'un endroit à un autre en suivant une trajectoire, et qu'il est capable d'imaginer ce que cette trajectoire doit être, que lui reste-t-il encore à comprendre? Le bébé n'a pas encore saisi les relations spatiales entre un objet et un autre. Supposons que l'on présente à un bébé un objet attrayant, et que l'on pose cet objet sur une plate-forme. Supposons qu'à l'instant où l'on pose l'objet, le bébé, qui a tendu la main pour le saisir, se trouve déjà à mi-chemin. Il retirera la main et regardera l'objet avec stupéfaction (fig. 7.4). Peut-être saisira-t-il le support et en fera-t-il tomber l'objet par accident; mais il ne semble pas réaliser que l'objet en lui-même peut être enlevé de la plate-forme. Il ne semble pas comprendre qu'un objet peut être placé *sur* un autre.

Cette confusion se révèle plus nettement encore si nous utilisons deux supports. Si nous plaçons un objet sur le premier, il se pourra que le bébé, en secouant le support, en fasse tomber l'objet et réussisse ainsi à s'en

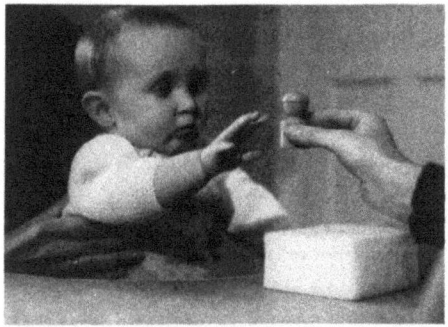

Fig. 7.4. Ce bébé est évidemment embarrassé par la relation *sur*. La difficulté de ce concept dépend de l'importance de la frontière commune entre les deux objets. Une balle, par exemple, serait plus facile pour le bébé à voir comme un objet séparé qu'un jouet à base plate comme celui qui est représenté ici (photos de Jennifer G. Wishart).

saisir. Si nous replaçons l'objet sur le même support, il le secouera de nouveau et s'en emparera. Supposons qu'au troisième essai nous plaçions l'objet sur le second support. Que fait le bébé? Il secoue le premier support. Il reproduit la réponse particulière qui lui a permis auparavant d'attraper le jouet, sans se rendre compte le moins du monde du rapport entre les relations spatiales dans lesquelles se trouvent les objets et leur accessibilité[6].

Le bébé rencontre exactement le même problème avec la relation spatiale *dans*. Si nous montrons à un bébé un jouet attrayant que nous plaçons ensuite à l'intérieur d'une tasse fermée ou de quelque autre récipient, il manifestera le plus grand étonnement. Peut-être enlèvera-t-il le couvercle et prendra-t-il l'objet, mais il est clair qu'il ne comprend pas du tout la relation spatiale impliquée. Ceci est manifeste si nous recourons à une variante du test, avec deux tasses au lieu d'une. Si le jouet est placé dans l'une des tasses, le bébé réussira éventuellement à le découvrir; si on le replace dans la même tasse, il le retirera à nouveau. Cependant, si, au troisième essai, le jouet est caché dans la seconde tasse, le bébé retourne malgré tout à la tasse où il avait précédemment trouvé

Fig. 7.5. Dans les conditions illustrées ici, la relation *derrière* ne soulève aucune difficulté pour le bébé (photo de Jennifer G. Wishart).

le jouet. Il agit ainsi même si les tasses employées sont transparentes. Or, avec une tasse transparente, comme avec le simple support de l'expérience relatée plus haut, le jouet est parfaitement visible. On pourrait difficilement fournir démonstration plus nette de la manière magique dont l'enfant pense le monde qui l'entoure.

Il est donc certain que l'enfant de cinq, six, sept, huit et même neuf mois ne comprend pas les relations spatiales *sur* et *dans*. Qu'en est-il des relations *devant* et *derrière*? Celles-ci ont également été étudiées. Si l'on présente au bébé un objet placé devant un autre, plus grand, il n'éprouve aucune difficulté à tendre la main et à saisir le petit objet placé devant le grand. Cependant, si l'on réduit la distance entre l'objet désiré et le grand objet, au point qu'il n'y ait plus entre eux de séparation perceptible, le bébé rencontrera exactement les mêmes difficultés qu'avec un objet qu'il voit sur un autre ou dans un autre.

Il en va de même pour le concept *derrière*. Si un objet se trouve nettement derrière un autre, un bébé de cinq mois n'éprouvera aucune difficulté à contourner l'objet formant écran pour prendre l'objet désiré (fig. 7.5). En certains cas, il saisira l'objet écran et le jettera au loin. Cependant, si la distance entre les deux objets est très courte, de sorte que la séparation ne soit pas perceptible, l'enfant est aussi impuissant que dans les situations précédentes. Ce que le bébé ne comprend pas, semble-t-il, c'est que deux objets peuvent avoir entre eux une relation spatiale telle qu'ils partagent une frontière commune. C'est, de toute évidence, cette frontière commune qui constitue le point critique. Les bébés ont beaucoup moins de difficulté avec un objet comme une balle, qui n'a aucune frontière commune avec un autre objet. Dans toute la période où les relations spatiales font problème, ils ont beaucoup plus de chance de réussir avec une balle qu'avec un cube, ou une demi-balle, par exemple.

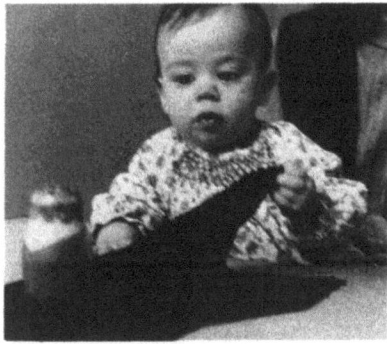 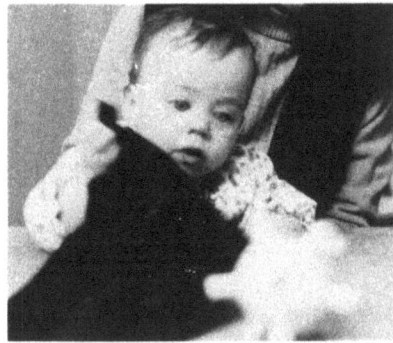

Fig. 7.6. Si l'on place un objet sur un morceau de drap, de telle sorte que l'objet soit hors d'atteinte, le bébé tirera le drap pour obtenir l'objet. Si, cependant, un objet est placé hors d'atteinte mais à côté du drap, le bébé tirera encore le drap, s'attendant visiblement à nouveau à réussir. L'emploi du drap pour attirer l'objet à soi est, à cet âge, encore «magique»; le bébé ne comprend pas les relations spatiales indispensables entre le drap et l'objet pour que cette stratégie soit efficace (photos de Jennifer G. Wishart).

Cette incapacité à comprendre les relations spatiales se manifeste encore dans une tâche de type différent. Supposons que nous présentions à un bébé un objet désirable qui se trouve hors d'atteinte, mais sur quelque autre objet, tel un morceau de drap, accessible celui-là. Il essaiera d'obtenir l'objet en tirant sur le drap. Dès l'âge de six mois, les bébés useront de ces intermédiaires comme outils. Cependant, si l'objet désirable n'est pas vraiment sur le drap, mais à côté, il tirera quand même sur le drap, pour se montrer déçu de n'avoir pas réussi à attraper le jouet (fig. 7.6). Ici encore, il s'agit simplement d'un manque de compréhension des relations spatiales et de leurs conséquences pour les objets. Il faut généralement attendre l'âge de dix mois avant que le bébé soit capable de passer ce test[7].

Même à ce stade, la compréhension des relations spatiales est incomplète et, en un sens, encore magique. Supposons que nous montrions à un bébé de dix ou onze mois un jouet que nous plaçons dans l'une des deux tasses; nous inversons alors la position des tasses. Si le jouet a été placé dans la tasse de droite, et que le bébé a vu que cette tasse a été déplacée à gauche, il regardera néanmoins dans la tasse qui se trouve actuellement à droite. Il cherchera à l'endroit où il a vu placer l'objet, et ignorera le déplacement des tasses. Il ne semble pas comprendre que l'objet placé dans une tasse partage tous les mouvements de celle-ci, qu'il en est solidaire dans une relation de contenant à contenu. On retrouve des difficultés similaires pour d'autres concepts dans cette catégorie.

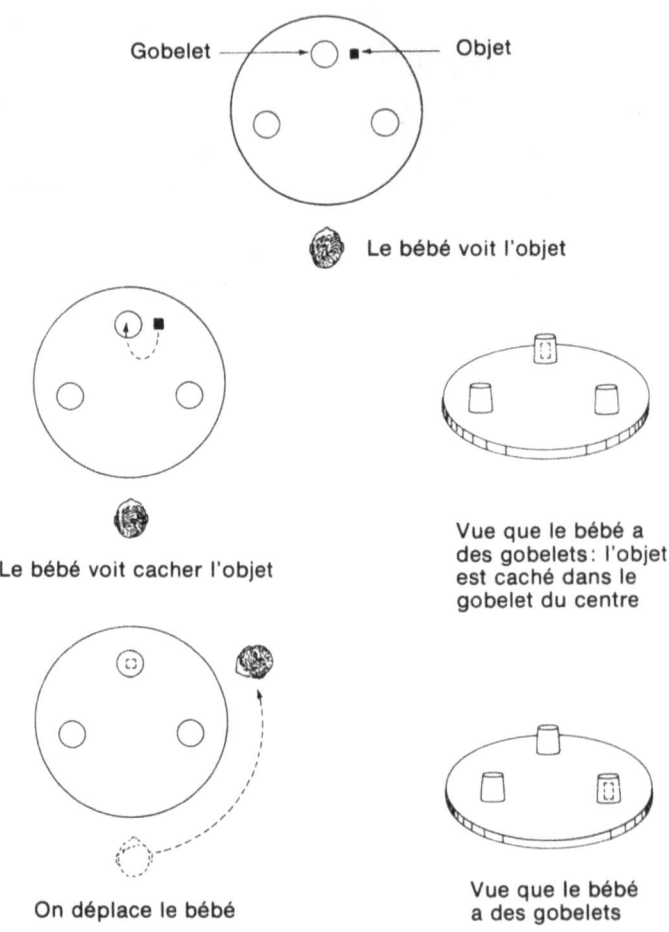

Fig. 7.7. Des problèmes de ce type sont très difficiles pour les bébés. Le bébé a vu cacher l'objet sous le gobelet central, mais après qu'on l'ait déplacé autour de la table, l'objet se trouve dans le gobelet situé à présent à sa droite. Il ne tient pas compte de son propre changement de position, et cherche l'objet dans le gobelet qui se trouve maintenant au centre.

Il peut arriver que le bébé résolve cette tâche, mais sa compréhension des relations spatiales n'en est pas pour autant complète. Considérons le problème schématisé dans la figure 7.7. Le bébé voit cacher un jouet dans la tasse centrale. Au lieu de déplacer la tasse, supposons maintenant que nous déplacions le bébé, de telle sorte que la tasse qui se trouvait en position centrale par rapport à lui se trouve à présent à sa droite. Que va faire le bébé ? Il choisit la tasse centrale. Il ne paraît pas se rendre compte que son propre changement de position change aussi les relations spatiales des objets étalés devant lui.

On parle généralement à propos de ce genre de comportement d'*égocentrisme*. Certains préfèrent dire que l'enfant dispose d'un système de descriptions absolues des objets et ne comprend pas qu'il est des cas où une description absolue est inadéquate. Un objet qui se trouve à sa droite ne peut plus se trouver à sa droite si, lui, a bougé. A la suite d'un changement de sa propre position, ce qui était à sa droite peut se trouver maintenant à sa gauche, au centre ou ailleurs. Le bébé ne semble pas saisir le relativisme des relations spatiales avant l'âge de dix-huit mois environ.

LES CONCEPTS ET LA TASSE

Cet « absolutisme », cette absence de relativité, tout à fait manifeste dans ces problèmes impliquant la notion d'objet, semble empoisonner le bébé dans quantité d'autres contextes. Envisageons la tâche très quotidienne de boire à la tasse. Bruner a admirablement décrit le problème terrible que présente la tasse pour les jeunes bébés[8]. Au début, le bébé ne comprend pas vraiment la relation entre l'angle de la tasse et le comportement du liquide qu'elle contient. Il semble imaginer que le liquide sortira de la tasse plus ou moins comme une goutte solide et il se contente de retourner la tasse au moment où il l'approche de son visage. Le résultat inévitable (fig. 7.8) peut être assez amusant pour le bébé, mais, pour ce qui est de boire, ce n'est pas très efficace.

Le bébé n'a pas un an qu'il a débrouillé la relation complexe entre le niveau du liquide, la pesanteur, et le bord de la tasse. Les bébés de cet âge peuvent boire à la fois efficacement et élégamment. Ils saisissent la tasse et la soulèvent à l'angle requis. Cependant, leur « absolutisme » se révèle dans une autre situation. Supposons que nous présentions à un enfant de un an du lait dans un récipient transparent, que nous transvasions ce lait dans un récipient opaque mais plus étroit, puis permettions au bébé de boire. De toute évidence, les bébés pensent que le lait atteint le même niveau dans le récipient étroit, et ils le soulèvent en conséquence, avec le même résultat inévitable que tout à l'heure. De même, si l'on transvase le liquide dans un récipient opaque plus large, de sorte que le niveau est plus bas, ils se montrent déçus, parce que quand ils soulèvent et inclinent le verre, rien n'arrive dans leur bouche. Ils semblent imaginer que le niveau du liquide demeure constant et est indépendant de la forme du récipient qui le contient.

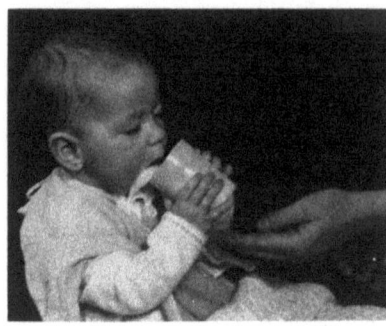

Fig. 7.8. Le bébé de dix mois risque de se méprendre sur l'angle nécessaire pour boire : cela demande en effet de saisir des relations complexes entre le comportement du liquide, la pesanteur, et le bord de la tasse (photo de Jennifer G. Wishart).

Encore une fois, ceci doit nous rappeler l'incapacité du bébé à apprécier les relations entre contenant et contenu. Les bébés surmontent ce problème vers l'âge de quinze mois, et se débrouillent alors quand on transvase leur lait ou leur jus de fruit d'un récipient d'une certaine forme à un récipient d'une autre forme. Il y a un stade intermédiaire où le bébé doit regarder le niveau du liquide pour savoir où il se trouve. A quinze mois, cet examen visuel n'est plus nécessaire. Si on l'empêche, en plaçant un couvercle sur la tasse, il boira encore très élégamment et très efficacement, sans aucune difficulté[9].

LES CONCEPTS DE CONSERVATION ET DE NOMBRE

Le même jugement absolu se retrouve dans le type de problème qu'illustre la figure 7.9. Si l'on présente au bébé une série de gobelets empilés en étage sur le sol, il a beaucoup de peine à reproduire cet arrangement. De façon très caractéristique, il prend un grand gobelet et un petit gobelet et les met ensemble. Il semble classer les objets uniquement en grands ou petits, ce qui constitue un jugement absolu. Les jugements relatifs — grand, plus grand, le plus grand, ou petit, plus petit, le plus petit — sont trop difficiles pour le bébé, bien qu'il parvienne à les maîtriser au cours de la première enfance[10].

Nous en trouvons encore un autre exemple dans l'estimation du poids chez le bébé. Le bébé très jeune s'attend à ce que tous les objets pèsent la même chose. Il passe de là à un relativisme prédictif, assumant que plus long est l'objet, plus il sera lourd. Ici encore, il néglige de tenir compte de la relation de la largeur et de la longueur avec le poids, ce qui le conduit à des erreurs étranges. Si on lui tend un objet long et mince, il s'attendra à ce qu'il pèse beaucoup plus qu'il ne pèse en réalité, et il

LE DÉVELOPPEMENT COGNITIF   131

Fig. 7.9. A moins de trois semaines, les bébés commencent à ajuster les gestes de la main à la taille d'un objet isolé, et à six mois, ils le font parfaitement. Néanmoins, les enfants d'un an, et même certains enfants de deux ans, ne parviennent pas à arranger cette série de gobelets selon leur taille.

tendra ses muscles en conséquence. Si on lui tend un objet large et court, il anticipera le poids sur base de la seule longueur, et son bras s'affaissera sous le poids qu'il n'attendait pas.

Cependant, vers l'âge de dix-huit mois, le bébé tient compte des deux dimensions. Il sait aussi que le poids d'un objet est indépendant des changements dans sa forme. Une boule de plasticine peut se transformer en une saucisse qui pèse la même chose. Ceci signifie que le bébé a atteint le concept de la conservation du poids. Si nous la mesurons verbalement, cette compréhension du fait que le poids est invariant malgré les transformations de la forme apparaît très tardivement; le bébé, cependant, atteint ce concept à un niveau non verbal, attesté par ses conduites, vers l'âge d'un an et demi[11].

A cet âge, les bébés ont acquis d'autres notions complexes auxquelles on ne s'attendrait pas, telle la notion de nombre. Si nous présentons à des bébés des tâches de choix telles que celles de la figure 7.10, les plus jeunes ne réussiront pas de manière cohérente à choisir la rangée qui contient le plus grand nombre de bonbons. Parfois, ils se fient à la densité de la rangée, à d'autres moments, ils se laissent guider par sa longueur. Cependant, à dix-huit mois, ils sont parfaitement capables de réussir dans toutes les tâches illustrées en choisissant systématiquement la rangée où il y a le plus de bonbons. Le seul moyen d'y parvenir — et c'est celui que le bébé semble utiliser —, consiste à procéder à des mises en correspondance terme à terme entre les deux rangées, et à prendre celle qui

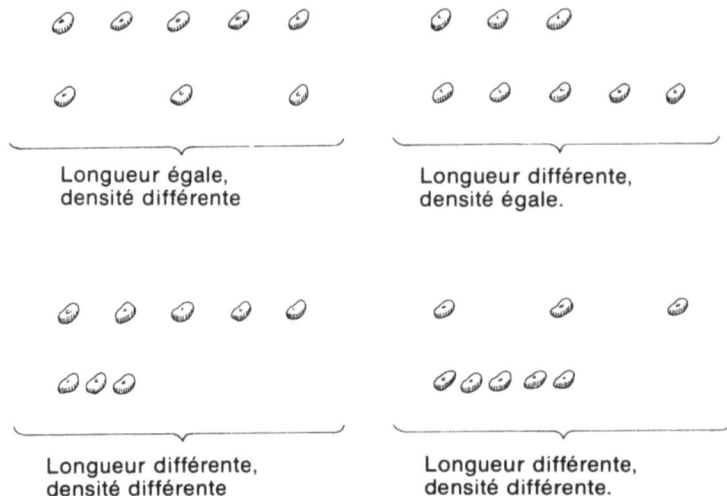

Fig. 7.10. Dès l'âge de dix-huit mois, les bébés sont capables de résoudre ces problèmes de choix en procédant à des mises en correspondance terme à terme entre les objets de chaque groupe. En d'autres mots, les bébés «comptent» même si, à ce stade, les «nombres» n'ont pas encore de noms.

contient le plus grand nombre d'éléments, indépendamment de la densité, de la longueur ou de l'espacement[12]. Nous sommes ici en présence, à nouveau, d'une acquisition de haut niveau pour un bébé, car, au niveau verbal, l'enfant aura cinq ou six ans avant de maîtriser ces problèmes avec la même sûreté.

LES MÉCANISMES DU DÉVELOPPEMENT COGNITIF

Qu'est-ce qui pousse le bébé à travers ces étapes du développement? Comment se fait-il que ce bébé qui, à l'origine, ne saisit même pas qu'un objet puisse passer d'un endroit à l'autre, se développe pourtant au long de la première enfance au point d'être capable de compter, d'estimer le poids, de savoir que le poids ne varie pas malgré les transformations diverses, et de comprendre assez bien toutes les relations spatiales possibles entre objets? Quelles sont les forces qui produisent ces changements?

La plupart des travaux qui ont été réalisés sur les facteurs responsables du développement ont trait à la notion d'objet. Revenons donc à ce sujet.

Une première réponse serait que le bébé devient simplement plus adroit, mécaniquement parlant, à mesure qu'il grandit. Certes, le rôle des habiletés motrices dans toutes ces tâches ne doit pas être sous-estimé. Cependant, le développement moteur a ses limites ; il y a un point au-delà duquel nous ne parlons plus de développement moteur, mais de contrôle sur des comportements moteurs établis. Il semble que, dans la plupart des domaines cognitifs que nous avons envisagés dans ce chapitre, l'habileté motrice requise soit apparue avant que le concept ne soit acquis. Reste encore à développer le contrôle, ou l'usage de l'habileté motrice. Et c'est précisément cela que nous appelons le développement cognitif.

Il est un autre argument contre le rôle du développement moteur dans la formation des concepts. Les bébés atteints de handicaps moteurs insurmontables n'en franchissent pas moins les mêmes étapes du développement cognitif, à peu près au même rythme. Les cas les plus frappants sont ceux des victimes de la thalidomide qui, par exemple, sont dépourvus de bras. Quand on teste ces bébés dans des tâches impliquant la notion d'objet, comme celles que nous avons décrites plus haut, ils saisissent les objets avec les dents[13]. Ils déplacent les gobelets avec les dents, tirent sur les ficelles avec les dents. Ces bébés, c'est certain, ne peuvent pas avoir eu les expériences, et particulièrement les expériences motrices qu'ont les bébés normaux. Néanmoins, ils développent un concept d'objet qui, apparemment, est tout à fait normal. Il semble donc y avoir, dans le développement, de nombreuses routes différentes pour atteindre à la même fin.

Un autre point doit être souligné. Alors que le développement de la notion d'objet demande normalement environ dix-huit mois, il est possible d'accélérer considérablement le processus, et d'en omettre certains fragments, sans affecter l'ampleur ni le niveau du développement. Puisque les bébés sont intelligents et qu'ils prennent plaisir à résoudre des problèmes, on pourrait penser que le meilleur moyen d'accélérer ou d'encourager ce processus d'apprentissage consiste simplement à mettre les bébés en présence des problèmes requis, et de leur permettre de se débrouiller pour les résoudre. La possibilité d'aboutir à une accélération par ce moyen a des limites, d'ailleurs difficiles à préciser. En un sens, nous pourrions nous attendre à ce qu'un bébé résolve un problème et accuse un progrès développemental seulement s'il a déjà acquis les éléments de la solution et n'a plus qu'à les mettre ensemble.

Examinons l'un des divers aspects de la notion d'objet, le fait qu'un même objet puisse changer de place en suivant une trajectoire. Il est possible d'accélérer cette découverte en soumettant le bébé à des exercices intensifs de poursuite des objets. Si nous montrons à un bébé un objet qui se déplace puis s'arrête, se déplace puis s'arrête et ainsi de suite, tôt ou tard il saisira qu'il n'y a en réalité qu'un seul objet, et qu'il se déplace d'un endroit à l'autre. Il apprendra à le suivre des yeux correctement, sans commettre les erreurs qui consistent soit à continuer à chercher l'objet en mouvement soit à regarder à la place habituelle de l'objet immobile.

Cependant, nous pouvons retarder réellement le développement si nous introduisons le bébé à ce problème trop tôt. On dit du bébé qu'il commet deux «erreurs», mais en fait ce sont là des stratégies qui lui permettent de découvrir les choses auxquelles il faut prêter attention dans le monde qui l'entoure. Ces deux erreurs, ou ces deux stratégies, comme je préfère les appeler, se développent à des moments différents. Celle qui consiste à chercher les choses à l'endroit qu'elles occupent habituellement émerge la première. La capacité à suivre selon la trajectoire du mouvement émerge plus tard, peut-être parce que le système perceptif du bébé n'enregistre pas très efficacement le mouvement dans les premières semaines, et peut-être aussi parce que le bébé ne dispose pas des contrôles moteurs fins pour exécuter ces mouvements. En conséquence, le petit bébé ne poursuit pas régulièrement du regard l'objet en mouvement. Quand l'objet bouge, il tourne le regard vers un endroit où il pourrait s'attendre à le voir, mais il fait très peu d'effort pour suivre le mouvement lui-même. Vers l'âge de douze semaines, la capacité à suivre les objets mobiles et la tendance à continuer à les suivre lorsqu'ils se sont arrêtés sont bien installées. Ce n'est qu'à ce stade qu'il est profitable d'introduire des exercices. Si on les introduit avant, le développement sera retardé. Les bébés trouveront le problème trop difficile pour eux. Ils ne disposeront pas dans leur répertoire des deux réponses possibles — poursuite d'un endroit à l'autre et poursuite du mouvement — et seront dès lors incapables de les combiner pour parvenir à une solution correcte.

Tout ce que nous réussissons à faire en présentant aux bébés un problème avant qu'ils n'y soient préparés, c'est de rendre toute la situation irritante à leurs yeux. En conséquence, ils tendront à éviter tout le contexte du problème, feront des embarras et essayeront de regarder ailleurs lorsqu'on leur présentera, par exemple, n'importe quelle autre tâche de poursuite oculaire.

Ce qu'il nous faut pour obtenir une solution correcte, c'est, semble-t-il, un *conflit* entre deux manières possibles de réagir à la situation. Dans une situation de poursuite, le bébé est en conflit entre sa stratégie *objet en mouvement* et sa stratégie *objet stationnaire*. A tout moment, dans la

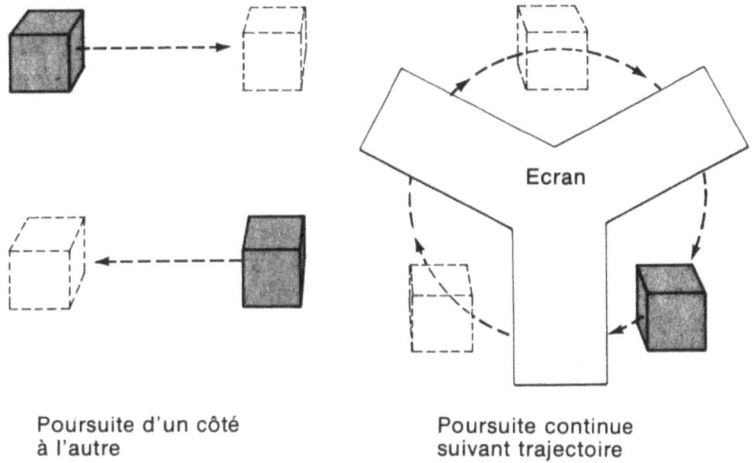

Fig. 7.11. La poursuite visuelle d'un côté à l'autre présente une situation conflictuelle, puisque le bébé voit l'objet tantôt se déplacer selon une trajectoire, tantôt s'arrêter un instant à chaque extrémité. Dans l'autre situation, l'objet se déplace continuellement selon une trajectoire circulaire, passant derrière l'écran en Y. Puisque l'objet n'est jamais vu à l'arrêt, la seule réponse possible est la poursuite le long de cette trajectoire (données de Bower, 1976).

poursuite d'un objet qui bouge puis s'arrête, le bébé a le choix entre l'une ou l'autre de ces stratégies. Avec chacune d'elles, il aura tort dans une partie des cas. Mais s'il emploie les deux en même temps, elles se trouvent inévitablement en conflit. Chaque fois qu'un objet qui était en mouvement s'arrête, ou chaque fois qu'un objet qui était stationnaire se met en mouvement, le bébé est en conflit. C'est ce conflit, plus que toute autre chose, qui semble nécessaire pour que se produise une accélération du développement. Dans la solution qu'il apporte à de tels conflits, le bébé traverse différents stades. Et c'est du stade particulier auquel il se trouve que dépendra le transfert de l'information appropriée d'une situation à une autre.

Ces deux points se dégagent clairement de l'expérience suivante[14]. Les expérimentateurs s'étaient donné pour but d'accélérer le développement de l'interpolation de la trajectoire dans la situation illustrée par la figure 7.2. On présentait aux bébés deux problèmes de poursuite, schématisés dans la figure 7.11. Dans la première situation, un objet se déplaçait simplement et s'arrêtait à différents endroits sur une piste horizontale en face du bébé. Dans l'autre situation, l'objet ne s'arrêtait pas, mais se déplaçait continuellement le long d'une piste circulaire qui passait derrière un écran.

Il est clair que la première situation est source de conflit pour le bébé de douze semaines. Lorsque l'objet stationnaire se met à bouger, puis s'arrête, le bébé est en conflit entre son comportement de poursuite d'un lieu à un autre et son comportement de poursuite du mouvement. Ce conflit conduit, initialement au moins, à l'accélération de l'apprentissage. Le bébé semble décider que ce qui se passe ici, c'est bien un déplacement de l'objet le long d'une trajectoire. Quand on présenta à ces bébés la situation de Mundy et Castle illustrée à la figure 7.2, ils interpolèrent les trajectoires entre les deux endroits où apparaissaient les objets. Ils voyaient là un cas de déplacement des objets d'un endroit à un autre, et cherchaient l'objet le long de la trajectoire.

La seconde situation ne provoque aucun conflit, puisque l'objet n'est jamais immobile. Il continue simplement sur sa trajectoire derrière l'écran. Nous devrions nous attendre dès lors à un renforcement de la tendance à chercher les objets le long de la trajectoire du mouvement sur laquelle ils ont été aperçus. Et c'est en effet ce que l'on observe. Quand on présenta à ces bébés la situation de Mundy-Castle, ils suivirent l'objet vers le haut, à n'en pas finir, au-delà de la fenêtre, jusqu'à ce que leur regard atteigne virtuellement le plafond. Quand ils avaient capté du regard l'objet descendant, ils le suivaient jusqu'au plancher. Il n'y avait pas interpolation de la trajectoire entre les deux apparitions de l'objet. Les bébés transféraient simplement d'une situation à l'autre la stratégie qui avait été renforcée, stratégie consistant à chercher un objet en mouvement le long de sa trajectoire.

Cependant, avec une exposition plus longue aux deux situations de la figure 7.11, la situation s'est pour ainsi dire inversée. Après qu'on leur ait présenté assez longtemps la poursuite en va-et-vient, les bébés de ce groupe parurent avoir changé leur règle et aboutir à quelque chose du genre : « pour rester en contact avec un objet qui se déplace, il suffit de le poursuivre d'un côté à l'autre sur un plan horizontal. » Et c'est précisément ce qu'ils firent dans la situation de Mundy-Castle, utilisant des mouvements oculaires nettement carrés, qui étaient en réalité tout à fait efficaces, mais qui ne traduisaient pas la connaissance conceptuelle requise pour l'interpolation de la trajectoire. Par contre, après une longue exposition à la poursuite circulaire, les bébés de ce groupe commencèrent à réagir essentiellement comme des bébés naïfs, et cessèrent de présenter ces excursions excessives du regard vers le haut ou vers le bas. Sans doute était-ce parce qu'ils avaient spécialisé la solution à la tâche de poursuite circulaire et avaient reconnu dans la tâche de Mundy-Castle une situation entièrement différente, et qui, comme telle, exigeait peut-être une réponse différente. Ce qui importe ici, cependant, c'est le fait

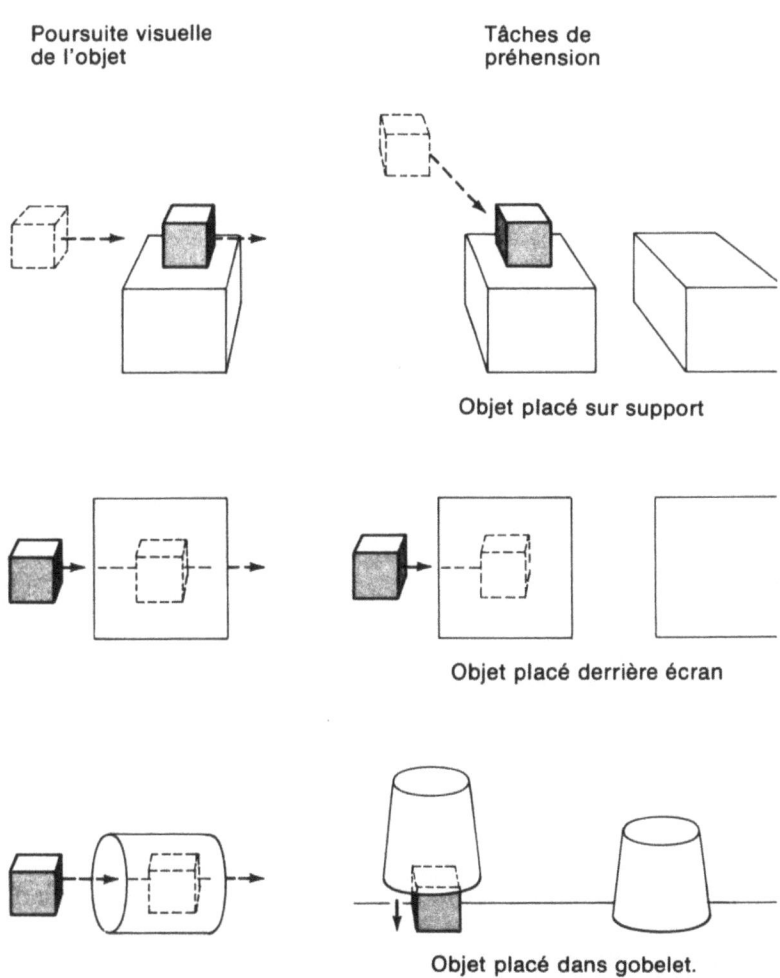

Fig. 7.12. L'exercice dans les tâches de poursuite visuelle illustrées à gauche accélèrent la performance dans les tâches de préhension illustrées à droite (données de Wishart et Bower, 1976b).

que la situation conflictuelle de poursuite en va-et-vient, administrée à la dose convenable, ait entraîné une accélération du développement.

Qu'en est-il des stades ultérieurs de la notion d'objet? Ici encore, les bébés semblent capables de tirer l'information requise de situations autres que la situation de test. Ainsi a-t-on pu montrer que des expériences appropriées de poursuite oculaire enseignent au bébé qu'un objet peut être placé sur un autre objet, ou dans un autre objet, et rester, malgré cela, un objet accessible (fig. 7.12)[15]. Dans ce cas également, il semble qu'un conflit soit nécessairement impliqué. On présente au bébé ce qui, pour lui, est un événement mystérieux, par exemple un objet qui s'engouffre dans un tunnel et qui en ressort. Il peut accepter cela comme un événement incompréhensible, mais cela devient pour lui une source de conflit lorsqu'il a atteint le stade du développement où il commence à identifier les objets à partir de leurs propriétés.

Ceci suppose certains progrès perceptifs, que nous avons déjà discutés. Mais dès que le bébé est arrivé à ce stade, dès qu'il a identifié les objets en terme de leurs caractéristiques, et non plus en fonction de la place qu'ils occupent, alors l'objet qui pénètre dans un tunnel peut être vu comme identique à l'objet qui en sort. Le bébé décide-t-il alors qu'il a affaire à deux objets qui sont par hasard identiques, ou bien, franchissant un pas énorme sur la voie de la simplification, réalise-t-il qu'il a affaire à un seul et même objet qui doit donc encore exister à l'intérieur du tunnel ? De nombreuses expériences semblent indiquer clairement que le bébé décide qu'il n'y a qu'un seul objet.

La meilleure preuve en est que les bébés soumis à un certain exercice à l'aide des tâches de la figure 7.12 furent capables de transférer leur apprentissage parfaitement à la situation impliquant un objet et deux supports, ou deux tasses, relatée ci-dessus. Cependant, il est à nouveau important de noter que la tâche de transfert doit être présentée très tôt si l'on veut que cela réussisse. Si les bébés sont soumis trop longtemps aux expériences de poursuite, ils ne transfèrent pas le concept à une autre situation test. Tout se passe comme si les bébés élaboraient une stratégie très spécifique pour faire face à la situation de poursuite — une stratégie hautement efficace dans cette situation, mais qui se révélerait trop spécialisée pour être transférée à une autre situation. C'est seulement quand les solutions aux tâches de poursuite sont en quelque sorte abstraites, qu'elles ne sont pas spécifiques, en termes de stimulus et de réponse, qu'il existe une réelle possibilité de transfert : c'est ce qu'indiquent les résultats de ces expériences.

Dans ces diverses expériences, l'élément important paraît bien être le conflit entre deux réponses que le bébé a acquises indépendamment. Lorsque deux réponses sont mises en conflit, elles se combinent de quelque façon pour former des règles ou des concepts d'un ordre plus élevé. C'est là ce qui caractérise le développement cognitif. Par exemple, les règles en conflit

Pour trouver un objet, cherche à sa place habituelle.
Pour trouver un objet, cherche sur la trajectoire de son mouvement.

engendrent les règles d'un ordre supérieur :

Pour trouver un objet qui n'a pas été vu en mouvement, cherche à sa place habituelle.
Pour trouver un objet qui a été vu en mouvement, cherche le long de la trajectoire du mouvement.

Il se peut que tous les progrès cognitifs que nous avons discutés impliquent ce type de conflit. Envisageons le concept de la conservation du poids. Le bébé peut voir que l'objet est le même, mais sous des formes différentes. Relie-t-il le poids à l'objet ou relie-t-il le poids à la forme ? Il y a ici un conflit et il semble que ce conflit soit nécessaire pour que le bébé accède à la conservation du poids. Certes, si l'on soumet à des exercices intensifs de jeunes bébés, qui pensent que tous les objets ont le même poids, on provoquera une sorte de pseudo-compréhension de la conservation, mais aucune accélération réelle du développement. Puisque le bébé de cet âge n'associe pas le poids avec la longueur, ni avec la largeur, ni avec quoi que ce soit, il n'y a place pour aucun conflit, et par conséquent, pour aucune véritable compréhension du problème.

Un conflit est probablement impliqué également dans le développement des habiletés intervenant dans la manipulation de la tasse. Lorsqu'il boit, le bébé peut se centrer soit sur la hauteur du récipient, soit sur sa largeur. Ce n'est que s'il se centre sur les deux à la fois, cependant, qu'il sera en mesure de faire un pas en avant — et ceci signifie inévitablement une sorte de conflit. Lorsqu'il s'agit de déterminer la grandeur relative, la nature du conflit est évidente. Si la tâche consiste à empiler trois objets selon leur grandeur décroissante, l'objet du milieu est-il assimilé à un grand ou à un petit ? Le seul moyen de sortir de ce dilemme consiste à élaborer la dimension comparative — *plus grand que* et *plus petit que* — que le bébé ne possède certainement pas au départ.

Les habiletés cognitives que nous avons discutées entretiennent entre elles des interrelations complexes. La plus fondamentale de toutes semble bien être la notion d'objet. Néanmoins, le développement de la conservation du poids, de la conservation du nombre, des coordinations en jeu dans la manipulation correcte de la tasse, peut, dans une certaine mesure, se dérouler indépendamment de la notion d'objet, ou, du moins, indépendamment des derniers stades du développement de celle-ci, où interviennent le mouvement des objets dans les contenants, les changements de position relative, etc.

Tous ces progrès sont dans une certaine mesure plastiques, et tous sont susceptibles d'être accélérés si le milieu fournit les expériences convenables au stade développemental approprié. Si l'expérience, même appropriée, est trop longue ou trop insistante, il peut en résulter des habitudes inappropriées qui empêchent le bébé de progresser avec succès dans les tâches en question. Si la tâche est présentée trop tôt, le bébé ne disposera tout simplement pas des ressources pour y faire face, et il risquera en fait de se soustraire à toute la situation d'apprentissage. Cette issue est, de toutes, la plus néfaste. Un enfant qui a été soumis à des excès d'exercice, ou surexposé à trop de situations problèmes, finit par se soustraire à toutes les situations problèmes. On ne peut que compatir avec les bébés qui ont subi une surcharge de problèmes auxquels ils ne peuvent faire face. Le monde entier est un problème pour le bébé qui se développe. Dans nos efforts pour canaliser son développement, efforts dictés par de bonnes intentions, nous courons le risque de surcharger cette aptitude à résoudre des problèmes, aptitude admirable, mais limitée.

NOTES

[1] Papousek, 1969.
[2] Monnier, 1976.
[3] Bower, 1971.
[4] Moore, 1975.
[5] Mundy-Castle et Anglin, 1969.
[6] Piaget, 1937; de Schönen, 1975; Brown et Bower, 1976; Bresson, 1976.
[7] Piaget, 1936; Monnier, 1971.
[8] Bruner, 1968.
[9] Bower et Wishart, 1976.
[10] Greenfield, Nelson et Salzman, 1972.
[11] Mounoud et Bower, 1974.
[12] Wishart et Bower, 1976a; Bever, Mehler et Epstein, 1968.
[13] Gouin-Décarie, 1969.
[14] Bower, 1976.
[15] Bower et Paterson, 1972; Wishart et Bower, 1976b.

Chapitre 8
Le développement du langage dans la première enfance

Bien que l'acquisition du langage marque précisément la fin de la première enfance, la capacité de communiquer n'émerge pas spontanément avec l'apparition de la parole. L'aptitude à produire des sons et à décoder les sons de la parole humaine est présente presque dès la naissance et semble se développer sans devoir grand-chose à l'expérience. En fait, les jeunes bébés sont doués de capacités linguistiques qui vont en décroissant avec l'âge. Il apparaît que le jeune enfant humain vient au monde tout préparé pour communiquer avec n'importe quelle communauté verbale dans laquelle il se trouvera. Le langage qu'il finira par développer dépend du langage parlé par ceux avec lesquels il apprend à interagir dans un cadre non verbal longtemps avant l'apparition du langage.

Une large part de la première enfance se passe à préparer l'usage du langage. Qu'est-ce que le langage? Quelle capacité ont les enfants de deux à trois ans, que les bébés plus jeunes ne possèdent pas? Une réponse précise à ces questions dépasse ma propre compétence. La plaisanterie qui veut que deux linguistes vous donneront toujours du langage trois définitions différentes et incompatibles entre elles, ne manque peut-être pas d'un fond de vérité.

D'une certaine manière, nous savons tous ce qu'est le langage, puisque tous nous l'employons. Nous produisons des chaînes de bruits qui revêtent une signification pour ceux qui, autour de nous, parlent la même langue, et nous comprenons les chaînes de bruits qu'ils produisent. Beaucoup de recherches développementales se sont centrées sur ces deux aspects du langage, l'aspect *production* et l'aspect *réception*. On a passé beaucoup de temps à décrire les sons que les enfants produisent aux différents âges et aux différents stades. Plus récemment, on a eu recours à des méthodes ingénieuses pour découvrir quels sons les bébés sont capables de différencier aux différents âges.

DISCRIMINATION DE LA PAROLE CHEZ LE JEUNE ENFANT

Une récente étude menée par Eimas n'est qu'un exemple parmi beaucoup d'autres des choses fascinantes que nous découvrons sur les capacités linguistiques du tout jeune bébé[1]. En fait, les bébés sont capables de faire des discriminations linguistiques très subtiles, telles que la distinction entre les sons *p* et *b*. Bien que cette discrimination puisse sembler banale, elle est en réalité extrêmement difficile car il n'y a pas beaucoup de différence entre les deux sons, comme on peut s'en apercevoir à la figure 8.1. Beaucoup d'adultes ne parviennent pas à faire la discrimination de façon sûre. Des adultes dont la première langue n'est pas l'anglais peuvent, même après avoir appris à parler couramment l'anglais, éprouver des difficultés à différencier ces deux sons.

La technique expérimentale employée dans ce cas était une variante très ingénieuse de la méthode d'habituation. On donna une tétine à sucer à des enfants de quatre semaines répartis en deux groupes. La tétine était connectée de telle sorte que les mouvements de succion d'une certaine intensité mettaient en marche un haut-parleur. Celui-ci produisait, pour un des groupes de bébés, les sons *pa-pa-pa*, pour l'autre groupe les sons *ba-ba-ba*. Au départ, ce bruit était très intéressant pour les bébés ; ils s'adonnaient à de vigoureuses succions, suffisamment rapprochées pour maintenir le son en permanence. Cependant, comme on pouvait s'y attendre, le rythme des succions déclina rapidement.

A ce moment, les expérimentateurs changèrent les conditions de l'expérience de telle sorte que les bébés qui avaient jusque-là entendu le son *ba-ba-ba* entendent désormais le son *pa-pa-pa*, et *vice versa*. Si les bébés pouvaient percevoir ce nouveau son comme un son différent, leur intérêt se réveillerait et ils se remettraient à sucer de plus belle. Telle était l'hypothèse sous-tendant la stratégie expérimentale. Et c'est exactement

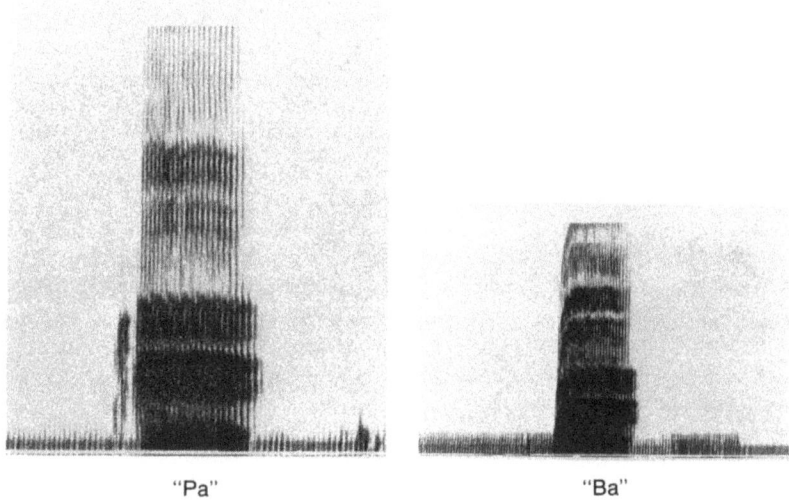

Fig. 8.1. Enregistrement spectrographique des sons *pa* et *ba*. Il y a peu de différence discernable entre les sons *p* et *b* (du Speech and Communication Laboratory, Université d'Edimbourg).

ce que l'on observa. Le nouveau son produisit un débit élevé de succions, assez élevé pour que les bébés, du moins au début, puissent entendre le son de façon continue.

Il est hors de doute que les bébés, dans cette expérience, étaient capable d'opérer la subtile distinction entre les sons *p* et *b*. La même technique a été utilisée récemment pour montrer que les bébés japonais sont capables de discriminer entre les sons *l* et *r*, comme dans les mots *flan* et *franc*. Cette discrimination, facilement réalisée par les bébés japonais, est virtuellement impossible pour des adultes japonais.

L'expérience la plus surprenante sur la perception de la parole chez les bébés est celle que nous avons décrite au chapitre 2 en relation avec les capacités sociales des nouveau-nés. Condon et Sander démontrèrent que les bébés nouveau-nés bougent selon un rythme précis répondant à la segmentation de la parole humaine, réponse à laquelle les auteurs ont donné le nom de synchronie interactionnelle[2]. En fait, la parole adulte constitue un flux assez continu de stimulations, et les unités y sont marquées par des variations très ténues dans la stimulation (fig. 8.2). Nous, adultes, appréhendons généralement une langue étrangère comme un flux de sons dépourvus de signification. Si la base linguistique en est différente de celle de notre langue maternelle, nous avons beaucoup de peine

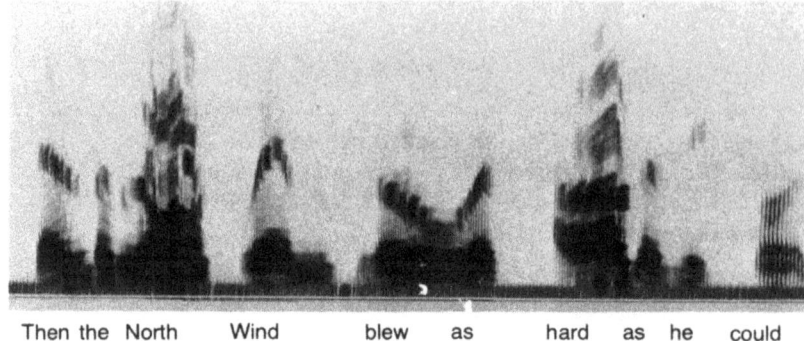

Fig. 8.2. Le flux sonore dans une phrase (du Speech and Communication Laboratory, Université d'Edimbourg).

à repérer les mots, beaucoup moins à repérer les unités dont sont faits les mots. Les jeunes bébés ne souffrent pas de telles limitations. Rappelons-nous que les bébés, dans cette recherche, manifestaient de la synchronie interactionnelle que l'on s'adresse à eux en anglais ou en chinois. En d'autres termes, ils étaient capables de repérer les unités du chinois, ce que les adultes de leur entourage auraient été bien incapables de faire.

C'est là une observation vraiment surprenante. Elle confirme une hypothèse avancée par beaucoup de gens, selon laquelle les bébés seraient, à la naissance, tout préparés à prendre leur place dans n'importe quelle communauté linguistique, préparés à faire n'importe quelle discrimination verbale que cette communauté exigera d'eux.

LES VOCALISATIONS DANS LA PREMIÈRE ENFANCE

La même hypothèse a été proposée à propos des productions vocales des jeunes bébés. Les vocalisations présentent deux phases développementales distinctes. Pendant les six premiers mois, les bébés développent un répertoire de vocalisations surprenant. On a même prétendu que ce répertoire du babillage enfantin des six premiers mois contient tous les sons de toutes les langues humaines. Ce vaste répertoire ne persiste pas. Au cours de la seconde moitié de la première année, le bébé ne produit plus, essentiellement, que des sons propres à la communauté linguistique dans laquelle il se trouve. Si la langue des adultes qui l'entourent est l'anglais, il produit les sons caractéristques de l'anglais. Si c'est le français, il produit les sons propres au français. Si c'est le russe, il produit les sons du russe, et ainsi de suite. Il semble que le bébé ne retienne dans son répertoire que les sons qu'il entend dans son entourage[3].

Il est réellement surprenant que les jeunes bébés produisent sans peine des sons qui défient tous nos efforts d'adultes aux prises avec l'apprentissage d'une langue étrangère. C'est une mince consolation de savoir que, comme bébés, nous produisions tous les sons qui entraînent pour nous aujourd'hui tant de difficultés. Tout se passe comme si le bébé venait au monde tout préparé à s'intégrer dans toutes les communautés linguistiques possibles. Apparemment, quand il est petit, l'enfant est apte à produire les sons de n'importe quelle langue. Ensuite, à mesure qu'il avance en âge, l'éventail des sons qu'il est en mesure d'articuler se limite progressivement aux sons produits par les adultes qui l'entourent. Il semble plausible de penser que l'éventail des sons qu'il est capable de distinguer se rétrécit parallèlement.

Une restriction de ce genre semble correspondre à une perte regrettable. Pourtant, elle sert une fonction importante, puisque notre capacité à traiter de l'information est limitée. En règle générale, la facilité avec laquelle nous captons ou détectons un stimulus dépend plus du nombre de stimulus qui pourraient survenir que des caractéristiques de ce stimulus particulier. Pareillement, la vitesse et la facilité avec lesquelles nous pouvons fournir une réponse dépend plus du nombre de réponses différentes que nous pourrions fournir dans le contexte en cause que des caractéristiques de cette réponse particulière. En réduisant l'éventail de sons qu'il est préparé à entendre, le bébé devient capable de traiter avec plus de facilité ceux qui méritent son attention. Il est en mesure de prêter plus d'attention aux séquences de sons, aux chaînes sonores qui constituent les mots d'une langue particulière. De même, en réduisant l'éventail des sons qu'il produit, il devient plus apte à intégrer ces sons pour produire des mots.

LES MÉCANISMES SOUS-TENDANT LE DÉVELOPPEMENT DU LANGAGE

Nous ne comprenons pas encore clairement les mécanismes développementaux grâce auxquels le bébé passe du stade où il est prêt pour n'importe quelle langue au stade où il produit des mots d'une langue particulière. Nous savons qu'il est indispensable, pour que se réalise cette transformation, que l'enfant entende la langue en cause. Une carence complète de cette expérience a pour conséquence une absence définitive de parole — l'enfant ne sort jamais, à ce titre, de l'*infancy*, de la période qui précède l'accès à la parole. D'une manière encore mystérieuse, l'enfant qui grandit perd progressivement ses aptitudes à acquérir le langage. Les raisons de ce phénomène nous sont aujourd'hui inconnues.

On prétend généralement qu'il suffit, pour l'enfant, d'entendre parler une langue pour parvenir à la parler lui-même. Le langage entendu, apparemment, n'aurait pas besoin de se trouver inséré dans un contexte de gratification d'aucune sorte. Feu Eric Lenneberg soutenait que le son d'une émission parlée à la radio suffisait au développement linguistique normal[4]. Il basait cette conclusion sur l'étude d'enfants de parents sourds-muets. Ces parents ne pouvaient se parler l'un à l'autre ni parler à leurs enfants. Les enfants néanmoins développaient à un rythme normal et de façon normale des habiletés linguistiques, pour autant qu'il y eût autour d'eux une source de parole, fût-elle aussi passive qu'un poste de radio.

Si des explications comme celle de Lenneberg peuvent se défendre s'agissant des aspects productif et réceptif du langage, je dois avouer que je doute de leur validité pour ce qui est de rendre compte du développement du langage en tant que système de communication. Les aspects *production sonore* du langage ont préoccupé les psychologues à un point tel que le développement de la communication a, jusque tout récemment, été totalement négligé. Cet oubli est déplorable, car l'essence du langage n'est pas dans la matière sonore, mais dans la communication, et, de toute évidence, la communication est possible sans les mots. Le bébé nouveau-né communique. En entrant en interaction synchronisée avec les adultes, le bébé communique quelque chose — par exemple qu'il est l'un d'entre nous, qu'il est avec nous. Ce genre de communion interpersonnelle peut aussi se véhiculer par les mots, mais non nécessairement. «Se sentir ensemble» : tel est, semble-t-il, le principal message communiqué à travers les échanges non verbaux décrits au chapitre 4. Le linguiste Halliday parle, à ce propos, de la fonction *interpersonnelle* du langage. Halliday distingue dans le langage sept fonctions fondamentales :

1. La fonction instrumentale *est la fonction du langage qui permet à l'enfant de satisfaire ses besoins matériels, qui le met en mesure d'obtenir les objets et les services qu'il désire. C'est la fonction «Je veux» du langage; et elle inclut souvent une expression générale du désir, quelque élément signifiant simplement «Je veux cet objet-là (présent dans le contexte)», aussi bien que d'autres expressions se rapportant à des désirs spécifiques, des réponses à des questions «Veux-tu...?», et ainsi de suite.*

2. La fonction régulatrice *n'est pas sans rapport avec la précédente, mais elle s'en distingue également. C'est la fonction du langage en tant* qu'il contrôle le comportement d'autrui, quelque chose que l'enfant reconnaît très aisément parce que le langage est employé de cette manière à son égard : le langage est utilisé pour contrôler son propre comportement, et il apprend bientôt qu'il peut renverser la vapeur et l'utiliser à son tour pour contrôler autrui. « Fais ce que je te dis » : voilà qui résume la fonction régulatrice du langage. La différence entre cette fonction et la fonction instrumentale réside en ceci que, dans la seconde, l'accent est mis sur les objets ou services demandés, indépendamment de ceux qui les procurent, alors que les énoncés relevant de la fonction régulatrice s'adressent à un individu particulier, dont on cherche à influencer le comportement. Cette fonction inclut, dès lors, de façon caractéristique, des significations telles que la prière généralisée « Fais cela » — c'est-à-dire « Fais exactement ce que tu viens de faire (dans le contexte en cause) », « fais-le à nouveau », aussi bien que diverses demandes plus spécifiques, particulièrement sous forme de suggestions « Faisons ceci ou cela » — par exemple « Allons nous promener », « Jouons à ce jeu », « Chantons une chanson », etc.

3. *La fonction* interpersonnelle *est ce que nous pourrions schématiser comme la fonction « moi et toi » du langage. C'est le langage utilisé par l'enfant en vue d'entrer en interaction avec ceux qui l'entourent, en particulier avec sa mère et avec les autres personnes qui ont pour lui de l'importance. Elle inclut des significations telles que les formules générales de salutation « Bonjour », « Content de te voir », les réponses à des appels « Oui ? », aussi bien que des formes plus spécifiques. Par exemple, les prénoms de certains individus particuliers que l'enfant a appris, sont employés typiquement avec une fonction purement interactionnelle ; et l'on rencontre d'autres significations spécifiques de type interactionnel visant à attirer l'attention sur des objets particuliers dans l'environnement, sur des objets favoris de l'enfant et qu'il utilise comme canaux de communication avec ceux qui l'entourent.*

4. *En quatrième lieu, il faut distinguer la fonction* personnelle. *Le langage est ici employé pour exprimer ce que l'enfant a en propre, ce qui lui est unique ; pour exprimer sa conscience de lui-même, en tant qu'il se distingue de son environnement, et ensuite pour modeler ce Moi — en bref, c'est le langage au service du développement de la personnalité. Ceci inclut, dès lors, des expressions de sentiments personnels, d'intérêt, de plaisir, de participation et de retrait, de dégoût, etc., et s'élargit plus tard à l'intrusion plus spécifique de l'enfant en tant que personne dans les conversations. Nous pourrions désigner cette fonction du langage par l'expression : « Me voici. »*

5. En cinquième lieu, dès que la frontière entre l'enfant et son milieu commence à être reconnue, l'enfant peut se tourner vers l'exploration de son environnement ; c'est la fonction heuristique *du langage, la fonction « Dis-moi pourquoi », qui ultérieurement se développe à travers le vaste registre des formes interrogatives dont use l'enfant. A ce premier stade, dans sa forme la plus élémentaire, l'usage heuristique du langage est la demande du nom des choses, qui est pour l'enfant une manière de classer les objets du monde physique ; mais il s'étend bientôt à une variété de significations plus spécifiques.*

6. Enfin, nous avons la fonction imaginative *du langage, par laquelle l'enfant crée un environnement qui lui est propre. En même temps qu'il use du langage pour pénétrer, explorer et maîtriser l'univers qui l'entoure, l'enfant en use pour créer un univers de son crû, un monde à l'origine fait seulement de sons, mais qui se transforme peu à peu en une histoire, une fiction, et qui débouche finalement dans le domaine de la poésie et de l'écrit d'imagination. Nous pourrions désigner cette fonction du langage par l'expression « On dit que... »*

Il est en fait une septième fonction à ajouter à la liste ; ... c'est ce que nous appellerons la fonction informative *du langage, la fonction que résume l'expression « J'ai quelque chose à vous dire »*[5].

Halliday a décrit le développement de l'aptitude d'un enfant à utiliser ces fonctions. A dix mois et demi, son sujet disposait du répertoire reproduit dans le tableau 8.1. C'est en réalité un répertoire très étendu. On notera qu'il s'y trouve très peu de chose qui ait quelque relation avec les sons que produisent les adultes. Le sens des sons que produit le bébé doit être inféré à partir des gestes et du contexte. Selon Halliday, ceci n'est pas particulièrement difficile à faire. Très certainement, les parents semblent capables d'interpréter ce que leur enfant veut dire avec un degré de succès assez élevé, bien que les étrangers ne paraissent pas y réussir aussi bien.

LE DÉVELOPPEMENT DES CONDUITES DE COMMUNICATION

Halliday n'a pas poursuivi (ou du moins n'a pas publié) l'étude systématique du développement en deçà du stade qu'il décrit. Bien qu'ils ne soient pas en mesure de communiquer de façon aussi ample que les enfants de dix mois, les nouveau-nés communiquent quand même. Ils communiquent leur sentiment d'être ensemble, la fonction interperson-

TABLEAU 8.1.
Le répertoire verbal d'un bébé de 10 1/2 mois*

Fonction	Systèmes de contenu			Expression (Articulation)	Son approximatif	Signification
Instrumentale	Demande générale			nã - - -	nyah (*répète*)	donne-moi ça
	Demande. spécifique (*oiseau jouet*)			bø	bih (comme dans *bird*)	donne-moi mon oiseau
Régulatrice	Ordre. normal			ã	nyih	fais ça (à nouveau)
	Ordre. insistant			m̂n̂n̂	mnying!	fais ça tout de suite
Interactionnelle	prise d'initiative	normale (amicale)		= ø; ðo; ðo	ih; dih; doh (comme *doll*)	content de te voir (et nous allons regarder cela ensemble)
		insistante (impatiente)		annn	ihng! ng! ng!	content de te voir, enfin!
	réponse			e; ɜ	eh (comme dans *yes*); ih	oui, c'est moi
Personnelle	intérêt	général		= ø	ih	c'est intéressant
		spécifique (mouvement)		ðo; bo; ø	do (comme *dot*); bih; ih	regarde: ça bouge (?un chien, oiseaux)
	plaisir	général		a	ah	c'est beau
		spécifique (goût)		n̂n̂	nying	c'est bon
	retrait			ǧʷYI- - -	(gazouillis)	j'ai sommeil

* Les sons ne peuvent être décrits avec précision autrement qu'en recourant à la notation phonétique, utilisée dans la colonne Expression. Les notations apparaissant dans la colonne Son approximatif sont vraiment très approximatives.
A 0:9 Nigel disposait de deux émissions signifiantes, toutes deux exprimées par [ø] sur un ton moyen ou moyen suivi d'une chute vers le grave: l'une interactionnelle, « soyons ensemble », l'autre (généralement avec l'intervalle le plus long) personnelle, « regarde, ça bouge ». Il disposait en outre de trois autres signifiants exprimés gestuellement: deux à fonction instrumentale, « Je veux ça », en tenant l'objet fermement, l'autre « Je ne veux pas cela » en touchant l'objet légèrement; la dernière, régulatrice, « fais-le encore », en touchant la personne et l'objet en question fermement (par exemple : « fais-le encore sauter en l'air »). Ces gestes disparurent au cours de NL 1-2.
Source: d'après Halliday, 1975.

nelle, dans leur réponse synchronisée à la parole humaine. Les pleurs, dont les nouveau-nés sont assurément capables, semblent offrir un cas évident de la fonction instrumentale. Cependant, les observations minutieuses indiquent que les pleurs précoces sont une réponse à l'inconfort plutôt que la demande d'attention qu'ils deviennent plus tard. Wolff situe dans la troisième semaine de la vie le début de ce dernier type de pleurs. Il les appelle, pas très gentiment, les «pleurs truqués», et les décrit comme des pleurs

... de faible intensité et de tonalité grave ; ils consistent en un long gémissement étiré qui s'élève occasionnellement à des pleurs plus explicites, pour retourner ensuite à des gémissements pauvrement articulés. Une mère répondra aux pleurs truqués d'une manière ou d'une autre selon son style personnel et sa disposition du moment. Le plus souvent, elle ignore ces sons jusqu'à ce qu'ils deviennent de véritables pleurs rythmiques ; parfois, elle prend le bébé pour le réconforter, ou elle le change de position de sorte qu'il puisse la voir pendant qu'elle travaille[6].

Wolff fait une autre observation intéressante : les vocalisations, bien distinctes des pleurs, apparaissent à peu près au même moment que ces pleurs truqués et dans le même contexte, avec, apparemment, valeur d'appels à l'attention, servant peut-être simultanément les fonctions instrumentale et personnelle.

Vers la huitième semaine, les bébés utilisent des sons pour les fonctions personnelle et interpersonnelle. Wolff décrit ainsi le comportement à ce moment-là :

Les vocalisations, distinctes des pleurs, se diversifient rapidement entre la sixième et la huitième semaine et les nouveaux sons n'apparaissent plus dans un contexte de malaise. Le bébé invente des sons nouveaux pendant qu'il est en train de jouer tout seul — sons parmi lesquels on trouve des gargouillis, des jeux de langue, et qu'il pratique en les répétant. Sur le spectogramme sonore, ces sons sont plus complexes, et à l'oreille, les différents types de vocalisations sont plus distincts.

L'exercice des nouvelles vocalisations est plus riche quand le bébé n'est pas distrait par des personnes se déplaçant dans la pièce, de sorte que les meilleurs enregistrements des nouveaux sons se réalisent derrière un écran. Un simple contact visuel silencieux suffit à interrompre les conversations privées du bébé; en même temps, on peut amorcer la «conversation» avec le bébé en imitant ses vocalisations et en l'encourageant à parler, même s'il était jusque-là silencieux. J'ai testé cet effet en hochant la tête en silence *pendant cinq minutes, puis en babillant* tout

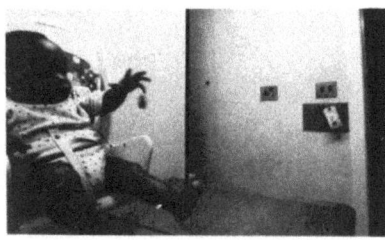
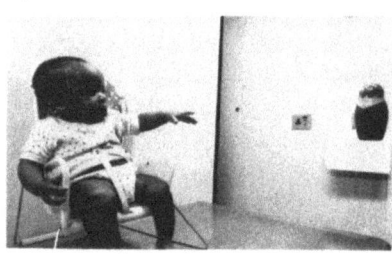

Fig. 8.3. Alors qu'un bébé étendra le bras et saisira un objet qui se trouve à sa portée, le geste en direction d'un objet qui est nettement hors d'atteinte (photo du bas) ressemble plutôt à un simple pointage d'indication (photos T.G.R. Bower).

en hochant la tête pendant cinq autres minutes, puis en hochant encore la tête en silence *pendant cinq minutes, et ainsi de suite ; j'ai enregistré la séance, et j'ai comparé la quantité de vocalisations du bébé dans les deux conditions (on peut systématiquement inverser toute la séquence). Il est possible de démontrer de cette manière une quantité significativement plus élevée de vocalisations quand le partenaire parle que lorsqu'il est silencieux. Une comparaison spectrographique entre les sons produits par l'expérimentateur et les sons produits par le bébé montre qu'un adulte n'est pas en mesure d'imiter strictement les structures des émissions vocales du bébé, et que les vocalisations du bébé ne sont pas des copies directes des sons produits par les adultes (voir Lenneberg, 1964). Mais dès que l'enfant dispose de plusieurs sons distincts qu'il a pratiqué de façon circulaire, on peut démontrer qu'il fait des efforts pour imiter les sons qu'il entend. Par exemple, quand l'observateur introduit des sons* da-da *dans les tons graves, qui font partie du répertoire de l'enfant, alors que l'enfant est en train de pousser des cris aigus, le bébé interrompt ces derniers et se met à produire sa propre version des sons* da-da. *Si l'observateur imite alors les sons aigus antérieurs, l'enfant reprend sa version à lui des sons aigus. A ce stade déjà, il semble légitime, dans certaines limites, de parler d'imitations vocales, non au sens de copies directes, mais d'une « accommodation » active des structures sonores qui sont déjà à la disposition de l'enfant ; le bébé agit comme si les sons produits par l'adulte étaient suffisamment semblables aux siens pour lui donner envie de « perpétuer » ce qu'il entend*[7].

TABLEAU 8.2
Le répertoire verbal du même bébé à 18 mois*

Fonction	Systèmes de contenu			Expression (Articulation)	Son approximatif	Signification
Instrumentale	demande générale	d'initiative		? nã - - -	gnyah (*répète*)	donne-moi ça
		réponse	objet présent	yi - - -	yee (*répète*)	oui je veux cela
			service ou objet non visible	a:	ahhh	oui je veux ce que tu viens de me proposer
	demande spécifique	poudre		bʷ g̀a(-); bug̀(-)	bwigah (*répète*)	je veux de la poudre
		réveil		tka(-); tkɔ(-)	tikah (*répète*); tikoh (*répète*)	je veux (*aller chercher*) le réveil
régulatrice	ordre général	d'initiative	normal	a: 3: 3̃	ah; eh; nyeh;	fais cela
			insistant	m̂n̂n̂	mnying!	fais cela (*à nouveau*) tout de suite!
		réponse	positive	3̃ - - -	nych (*répète*)	oui fais (faisons) cela
			négative	ãã	nyahnyah	non, ne fais (faisons) pas cela
	ordre spécifique	aller se promener		¦ - - -	—	allons en promenade
		jouer avec le chat		pʷi - - -; peʷ	pwee (*répète*)	laisse-moi jouer avec le chat

LE DÉVELOPPEMENT DU LANGAGE DANS LA PREMIÈRE ENFANCE   153

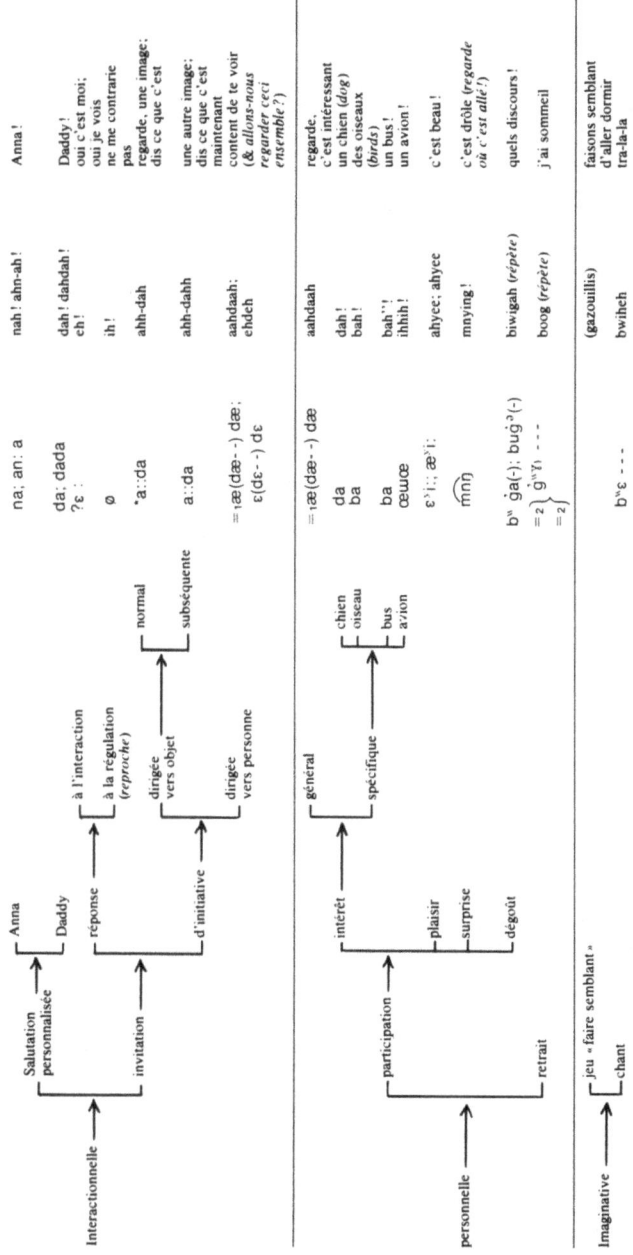

* Les sons ne peuvent être décrits avec précision autrement qu'en recourant à la notation phonétique, utilisée dans la colonne Expression. Les notations apparaissant dans la colonne Son approximatif sont vraiment très approximatives.

Peu après quatre mois, le geste de pointage s'ajoute au répertoire du bébé. Ce geste vise à attirer l'attention d'une autre personne sur un objet ou sur un événement intéressant. Si l'on montre à un enfant de quatre mois un jouet attrayant mais hors de sa portée, le bébé ne fera rien. Un bébé plus âgé tendra la main vers l'objet. Ce geste de la main est différent du geste de préhension; la main reste molle et on ne note pas l'opposition pouce-doigts en vue de la prise (fig. 8.3). L'extension de la main s'accompagne souvent de sons. Il s'agit en fait d'une sorte de pointage. Il peut aussi s'accompagner de sons signifiant « Qu'est-ce que c'est? » si l'événement est nouveau pour le bébé. Le pointage peut également être employé pour servir des besoins interpersonnels. Les bébés semblent se plaire à regarder les choses ensemble.

Il est frappant que, tout au long de cette phase, qui s'étend jusqu'à l'âge de neuf ou dix mois, les bébés utilisent des sons et des gestes dans un but de communication, mais que les sons demeurent propres au bébé. En gros, il ne s'agit pas de sons utilisés par l'adulte. J'ai pu constater de façon nette ce caractère privé du premier langage sur deux paires de jumeaux. Chaque jumeau développa un bruit typique qui accompagnait le mouvement de pointage. Cependant, chaque enfant avait son bruit bien à lui. Les jumeaux identiques eux-mêmes ne faisaient pas le même bruit dans le même but.

Comment ce langage vocal privé se façonne-t-il jusqu'à devenir le langage public de la communauté de l'enfant? Il est difficile de croire qu'il puisse suffire d'écouter la radio. Il semble plus plausible d'imaginer que les adultes décodent la signification des émissions vocales de l'enfant en regardant les comportements non verbaux spécifiques, les gestes non verbaux qui les accompagnent. Les adultes peuvent alors produire le son correct. A la faveur des processus d'association, le bébé en vient à saisir qu'il sera plus efficace pour obtenir les choses qu'il désire s'il utilise les sons et les mots que l'adulte emploie. Halliday rapporte le cas d'un enfant qui s'efforçait très patiemment, comme il dit, d'expliquer ce que signifiait un certain son. L'enfant répétait le son lentement et minutieusement avec force gestes, mais son père n'arrivait toujours pas à comprendre ce que l'enfant voulait. Ce son apparemment disparut du répertoire du bébé à peu près instantanément.

Il semble possible que des processus de renforcement de ce genre soient indispensables pour que l'enfant parvienne à utiliser les sons employés par les adultes. Les bébés vivant en institutions, on le signale souvent, développent des interactions verbales entre eux, qui sont incompréhensibles pour les adultes. On décrit classiquement leur manière de s'adresser les uns aux autres par des babillages dépourvus de signification et des rires incessants. « Babillages dépourvus de signification » n'est sans doute pas une description correcte. Les sons que prononcent les bébés peuvent très bien avoir une signification pour eux, à l'intérieur du code qu'ils ont élaboré. Dans un milieu institutionnel, il y a moins d'occasions pour que le développement du langage soit renforcé et dirigé par des adultes, et, parallèlement, plus d'occasions pour les bébés de développer un langage privé qu'ils partagent avec leurs voisins de berceau. Il existe de nombreuses relations sur des jumeaux qui ont développé des langages privés qu'ils ne partagent pas avec leurs parents. Apparemment, l'émergence de sons compréhensibles dépend d'un modelage par des adultes coopérants.

Le type de changement qui se déroule est illustré dans le tableau 8.2, qui montre l'éventail des vocalisations que le sujet de Halliday était en mesure de produire à dix-huit mois. On notera que les sons sont à présent devenus de l'anglais reconnaissable. De grands progrès ont été réalisés depuis le stade rapporté dans le tableau 8.1. Cependant, ces progrès n'ont pas encore amené le bébé dans le langage proprement dit. A cet âge, les sons sont encore spécifiques à la situation. Des mots qui seraient appropriés à de multiples situations sont encore employés exclusivement dans le contexte où ils ont été appris. Ainsi, le bébé emploie *more* (*plus, encore*) dans le contexte où il désire un supplément de céréales, alors que l'expression serait appropriée en bien d'autres contextes. Les ordres ou les prières sont liés à une situation stimulus spécifique.

Le langage proprement dit commence lorsque les « mots » du vocabulaire peuvent être employés dans n'importe quelle situation. En un sens, ce développement n'est pas limité au langage. A travers toute la première enfance, l'enfant utilise ses réponses dans des situations nouvelles. Il est possible que le succès dans l'extension de réponses établies à des situations nouvelles facilite la généralisation des productions vocales à toutes les situations possibles. Nous ne disposons sur ce point d'aucune donnée de fait, et il serait, à vrai dire, difficile d'en recueillir. L'essentiel, cependant, est qu'au cours de la première enfance, le bébé se prépare à tous égards à cesser d'être *infans*, qu'il se prépare à accéder à la parole. Une fois qu'il a atteint ce stade, il a franchi les frontières de cet ouvrage.

NOTES

[1] Eimas, Siqueland, Jusczyk et Vigorito, 1971.
[2] Condon et Sander, 1974.
[3] Lenneberg, 1967; McNeill, 1966.
[4] Lenneberg, 1969.
[5] Halliday, 1975, p. 19-21.
[6] Wolff, 1969b, p. 98.
[7] *Ibid.*, p. 104-105.

Chapitre 9
Les effets à long terme de la première enfance

Une question inquiète depuis longtemps psychologues et parents : dans quelle mesure les expériences de la première enfance — et plus particulièrement la carence d'expériences normalement vécues au cours de cette période — constituent-elles des facteurs déterminants pour le développement ultérieur de la personnalité et de l'intelligence ? Bien que les effets à long terme des expériences de la première enfance semblent jusqu'à un certain point réversibles en ce qui concerne la personnalité, dans l'ensemble, les fondations jetées au cours de cette période de la vie semblent demeurer passablement stables. En ce qui concerne le développement cognitif, les structures installées pendant la première enfance ne paraissent pas réversibles. La raison de cette différence tient au fait que la privation totale de certaines expériences cruciales est possible s'agissant du développement cognitif, mais ne l'est pas pour le développement de la personnalité.

Nous nous sommes penchés, tout au long des huit chapitres qui précèdent, sur les mécanismes du développement au cours de la première enfance. C'est un processus assurément fascinant, mais quel degré de signification accorder à ce segment du développement? Le développement qui se déroule à ce stade de l'existence programme-t-il tout le développement ultérieur? Ou la première enfance n'est-elle qu'une phase de passage, cédant la place à des influences développementales plus puissantes après l'apparition du langage ? Ces questions reviennent à se demander si les expériences de la première enfance ont des effets à long terme sur l'individu.

Le nativiste radical, naturellement, soutiendra que les expériences de la première enfance n'ont aucune importance particulière puisque tout le développement humain est essentiellement le résultat de l'expression des gènes. Nous avons, à mon avis, examiné assez de faits pour écarter la position nativiste extrémiste sur le développement de la première enfance, et par conséquent, par extension, sur ses effets à long terme également. Rappelons-nous, par exemple, ces jumeaux identiques d'apparence différente, et pour cette raison traités différemment, et qui développent des tempéraments différents et des manières différentes de réagir au monde qui les entoure[1]. Selon la théorie nativiste, ces bébés devraient se développer de façon identique puisqu'ils ont des gènes identiques. Il nous faut donc écarter à tout le moins l'explication nativiste du développement de la personnalité.

Une autre preuve du rôle de l'expérience précoce est l'effet de la cécité sur le développement moteur. Privé des informations spécifiques en provenance de l'environnement dont jouit l'enfant normal, le développement moteur des bébés aveugles peut prendre une tournure très bizarre. Enfin, comme nous l'avons vu au chapitre 7, il faut des informations spécifiques pour déclencher certains progrès cognitifs. Il est donc certain que des informations spécifiques venant du milieu affectent le déroulement du développement dans la première enfance.

Néanmoins, l'idée que la première enfance est une étape relativement peu importante semble prévaloir parmi les spécialistes impliqués dans la mise sur pied de programmes d'éducation compensatoire, tel le fameux projet Head Start. Ils partent de l'hypothèse que des expériences éducatives spéciales commençant vers trois ans pourraient suffire à compenser les privations subies avant cet âge. Cette hypothèse semble, elle aussi, avoir été infirmée.

Cela veut-il dire que la première enfance est une période critique du développement, avec des conséquences à long terme sur tout le développement ultérieur ? Le problème soulevé ici est en réalité un problème de *réversibilité*. Les effets d'un environnement pauvre au cours de la première enfance peuvent-ils être annulés plus tard dans l'existence grâce à un environnement adéquat ? Les effets d'un bon milieu dans la première enfance peuvent-ils être annulés plus tard par un mauvais environnement ? Examinons les données de fait dont nous disposons sur ce point.

PRIVATION MATERNELLE ET DÉVELOPPEMENT DE LA PERSONNALITÉ

Il y a eu un vaste mouvement d'intérêt pour les conséquences de toute perturbation dans les attachements affectifs qu'un enfant forme au cours de la première enfance. A partir de 1950, de nombreux auteurs, et des plus autorisés, représentant des institutions aussi prestigieuses que l'Organisation mondiale de la santé, se mirent à alerter tout l'univers des dommages irréparables qu'entraînerait pour l'enfant qui se développe toute déviation par rapport aux modalités de maternage normales en Occident, modalités qui conduisent à l'attachement très étroit entre mère et enfant. Les déviations de cette norme occidentale furent désignées par l'expression *privation maternelle*. On fit de la privation maternelle la cause du comportement criminel, du comportement psychopathique, et de toute une cohorte d'autres troubles du comportement. La recherche de la privation maternelle devint à l'époque une véritable chasse aux sorcières, des gens par ailleurs tout à fait sensés allant jusqu'à prétendre que lorsqu'une maman lit un livre en présence de son bébé, elle le prive d'une certaine manière de la part d'attention et de soins maternels qui lui revient[2].

Au cours des dernières années, l'appel à la main-d'œuvre féminine a eu pour conséquence que de nombreuses mères n'ont plus été en mesure de répondre à ces exigences de soins maternels à plein-temps pour chaque bébé (fig. 9.1). Beaucoup d'entre elles ont eu le sentiment d'être des mères privatrices, et se sont senties coupables d'infliger à leurs prpores enfants une privation maternelle. D'autres ont prétendu que cet argument n'était qu'un complot chauviniste imaginé par les mâles pour reléguer les femmes dans leur cuisine.

Quelle est la position la plus raisonnable dans ce débat chargé d'idéologie ? Les faits qui donnèrent naissance au dogme de la privation maternelle provenaient d'études rétrospectives, la plupart sur des garçons délinquants. En étudiant ces garçons pour essayer de comprendre pourquoi ils étaient devenus délinquants, il apparut qu'une proportion significative d'entre eux n'avaient pas eu, dans la première enfance, de figure d'attachement consistante, ou bien l'avaient perdue par la mort, le divorce ou quelque autre raison. Certains de ces garçons étaient apparemment des cas de psychopathie d'une forme particulièrement terrifiante, la *personnalité à carence affective*. On la décrit comme un individu superficiellement charmeur, se liant facilement d'amitié, habile à manipuler les gens, mais qui néanmoins n'éprouve aucune émotion humaine, aucune chaleur, aucune générosité, aucun amour du tout. Tel

Fig. 9.1. Parmi les solutions au problème de la garde des enfants des mères qui travaillent à l'extérieur, on trouve celle des maisons privées où une garde d'enfants, qui peut très bien avoir ses propres bébés, prend soin de façon régulière d'un nombre limité d'autres enfants (extrait de *The Scotsman Publications* Ltd et reproduit avec autorisation).

qu'on le dépeint, ce caractère inaffectif est un monstre terrifiant et sans cœur et tout cela à cause de la privation maternelle.

Les idées théoriques sur la privation maternelle firent un extraordinaire bond en avant grâce aux progrès de l'éthologie, spécialement en ce qui concerne le phénomène d'empreinte. L'empreinte apparaît comme une séquence de comportements programmée génétiquement caractéristique des oiseaux capables de marcher dès la sortie de l'œuf. Ces oiseaux, de façon caractéristique, suivront le premier objet en mouvement qu'ils auront vu après leur éclosion. Dans la plupart des cas, ce premier objet aperçu est leur mère biologique. Dans certains cas, cependant, la première chose en mouvement que les oiseaux virent après leur naissance fut un grand éthologiste barbu. Quand celui-ci commença à se déplacer, ils le suivirent. Si, ultérieurement, on leur présentait leur mère naturelle, ils l'ignoraient et continuaient à suivre le substitut. Si l'éthologiste s'en allait, les bébés oiseaux manifestaient une angoisse de séparation typique. Ils couraient en tous sens en pépiant anxieusement jusqu'à ce qu'ils se retrouvent avec lui et n'acceptaient aucun remplaçant. En certains cas, à l'âge adulte, les oiseaux pour lesquels l'être humain était devenu l'objet d'empreinte se révélèrent incapables de relations avec leur propre espèce et tentaient de s'accoupler uniquement avec des humains[3].

Certains oiseaux furent isolés dès l'éclosion, de sorte qu'il n'y eut pour eux aucune occasion d'empreinte. On découvrit que, dans de tels cas, une fois passée une *période critique*, ces bébés oiseaux ne suivaient rien ni personne. Pour le reste de leur vie, ils étaient des isolés sociaux. Même les instincts sexuels de l'âge adulte ne pouvaient les amener à une interaction sociale avec d'autres membres de leur propre espèce, non plus d'ailleurs qu'avec n'importe quel autre organisme.

La tentation de tirer des conclusions de ces résultats en ce qui concerne l'être humain était grande. Elle s'accrut encore avec la découverte par Harlow des attachements artificiels chez les singes rhésus, un animal beaucoup plus proche de l'homme que les oiseaux, sur lesquels avaient été recueillies les premières données. Harlow éleva des singes rhésus dans l'isolement complet par rapport à tout congénère, absolument privés de tout contact avec une mère animée, réelle, vivante[4]. Les bébés survécurent très bien jusqu'à l'âge adulte. Arrivés à ce stade, cependant, ils étaient tout à fait anormaux. Ils n'entraient jamais en interaction avec d'autres adultes, même pas à des fins sexuelles. Les rares femelles qui furent fécondées négligèrent ou tuèrent leur bébé.

Tout était ainsi mis en place pour une extension de ces résultats dans la perspective suivante. Il existe dans le développement humain une période critique au cours de laquelle le bébé doit former un attachement envers un adulte humain unique. Pour que cet attachement s'établisse, il faut que le bébé soit en relation individuelle avec une seule personne qui prenne soin de lui, de préférence, sinon nécessairement, sa mère biologique. Cette relation lui fournira un modèle pour toutes ses relations extérieures dans l'existence. Tout enfant qui n'aurait pas réussi à former cet attachement crucial dans les premiers mois de la vie resterait à jamais inapte à établir des relations avec autrui et deviendrait ce spectre qui vous donne la chair de poule, une personnalité inaffective. Que cet enfant soit une fille, et qu'elle reproduise, et une population toujours croissante de personnalités inaffectives envahira le monde. Et c'est ainsi que le monde finira.

Les problèmes qui, soi-disant, découleraient de la privation maternelle ont été ramenés à deux facteurs. L'un est l'absence d'un modèle qui puisse servir de base aux relations avec autrui. Ceci ne vaut que s'il n'y a eu aucune occasion de développer des attachements. Cependant, si des attachements se sont constitués et ont été ensuite rompus, on verrait se développer une autre pathologie. L'image maternelle signifierait le soulagement de tous les besoins. Son absence serait donc d'une certaine manière un signal déclenchant l'anxiété, une anxiété définitive si la séparation est permanente.

De ces deux pathologies différentes, c'est la première qui a soulevé la plus grande frénésie populaire. Les mères de jeunes enfants travaillant à l'extérieur sont l'objet d'une certaine censure publique. Aussi les femmes qui travaillent ajouteront-elles la peur d'être des mères privatrices à toutes les raisons qu'elles ont déjà de renoncer à avoir des enfants.

A bien des égards, toute cette affaire semble avoir été fort exagérée. La cause initiale de l'inquiétude fut, apparemment, la proportion élevée d'individus n'ayant pas joui, dans leur passé, d'un maternage normal, parmi ceux dont les autorités judiciaires ou les spécialistes de la santé mentale sont amenés à s'occuper. Ces premières études étaient donc *rétrospectives*. Les chercheurs disposaient d'une population définie d'individus anormaux, et l'on fouilla l'histoire de ces individus en vue d'y repérer les éventuelles explications de leur anormalité. Des études de ce genre constituent une source féconde d'hypothèses concernant les causes d'un état de fait particulier. Mais, si des données rétrospectives peuvent engendrer des hypothèses, elles ne peuvent servir à les prouver ou à les tester. Il faut pour cela des études prospectives.

Qu'est-ce que cela entraîne pour le dossier de la privation maternelle ? Cela veut dire que nous devons trouver une population d'individus qui n'eurent jamais l'occasion de former un attachement à une personne singulière pendant la période critique. Il nous faut en outre constituer un groupe témoin d'enfants appariés quant au sexe, quant à l'âge, les conditions de nutrition, les chances d'éducation, etc., mais qui eurent l'occasion de former un attachement. Nous devons ensuite comparer les deux groupes. Si nous avons correctement apparié les deux échantillons, toute différence entre eux sera due aux effets de la présence ou de l'absence d'une figure d'attachement au cours de la première enfance. Selon l'hypothèse de la privation maternelle, les sujets du groupe privé d'attachement devraient, de façon significative, présenter plus de risques de devenir criminels, antisociaux, ou malades mentaux. De telles études ont été réalisées[5]. Dans aucune d'elles, on n'a trouvé de différence très significative entre les deux groupes.

Le tableau clinique des effets de la privation maternelle et de la séparation d'avec la mère est donc loin d'être clair. Il semble que le remplacement de la mère par quelqu'un d'autre, qui prend soin de l'enfant pendant que la mère travaille au-dehors, n'ait aucun effet négatif sur le développement. En fait, certaines données indiquent que ce genre de situation peut être bénéfique pour les bébés (fig. 9.2). Il semble que ceci soit également vrai pour les crèches de jour. Cette formule avait été brutalement condamnée dans les années 1950. Des travaux plus récents indiquent, en fait, qu'elle n'a d'effets néfastes ni sur le développement cognitif ni sur le développement social, et qu'elle peut avoir des effets nettement positifs.

La situation qui entraîne les plus mauvaises conséquences est celle où le bébé est abandonné à lui-même, soigné continuellement par une succession de personnes qui changent continuellement. C'est d'ailleurs cette situation qui fut, à l'origine, accusée de produire les personnalités inaffectives. Dans de telles conditions, l'enfant n'a aucune occasion de développer autre chose qu'une gamme superficielle de conduites de communication. Comme nous l'avons vu au chapitre 4, même ces enfants

Fig. 9.2. Des études récentes indiquent qu'une communication étroite entre le père et le jeune enfant est un facteur important dans le développement de la personnalité pour les filles aussi bien que pour les garçons (photo de Nancy R. Tenney).

peuvent rattraper leur déficit et développer des relations intenses tout à fait normales. Certains d'entre eux, naturellement, n'y parviennent pas.

J'incline à penser que c'est la façon dont nous étiquetons un enfant inaffectif particulier qui détermine ce qu'il en adviendra, et si l'enfant surmontera ou ne surmontera pas son état. Si nous nous trouvons en présence d'un enfant de trois ans qui n'a jamais eu l'occasion d'élaborer des conduites de communication profonde, nous avons affaire à quelqu'un qui, en réalité, a seulement atteint à cet égard le niveau d'un enfant de six mois. Si nous le traitons comme un enfant de six mois, quelques progrès sont possibles. Si, cependant, nous étiquetons dès trois ans cet enfant comme déviant et mauvais, les progrès sont probablement impossibles. Nous demandons à l'enfant de manifester des capacités qu'il ne possède tout simplement pas. Si nous ne l'aidons pas à les développer, il n'y a aucun moyen pour qu'il y parvienne de lui-même. A un certain stade, le développement peut devenir impossible, mais, pour ce qui est des conduites de communication qui servent à la construction de la personnalité, ce stade est assez tardif.

Pour être juste envers la théorie de la privation maternelle, il faut dire que de telles études ont toujours découvert quelques enfants désavantagés parmi les groupes privés de la mère. Cependant, le désavantage est loin d'être universel. En fait, le phénomène le plus remarquable est la manière dont les enfants se montrent capables de lutter dans ce qui apparaît comme des conditions de privation maternelle sévère. Le cas des enfants réfugiés décrit au chapitre 4 en est un exemple frappant[6]. Ces enfants, élevés dans la terreur par un groupe d'adultes toujours changeant, d'adultes sur le chemin d'une mort prévisible, avaient développé des attachements — les uns aux autres. Comme nous l'avons noté déjà, le fait que ces enfants aient développé des attachements les uns aux autres constitue un coup fatal pour une version de la théorie de la privation maternelle.

Le fait qu'il y ait eu attachement signifie, évidemment, que ces enfants, bien que privés de mères, n'étaient pas privés d'attachements. Peut-être l'important n'est-il pas la privation maternelle, mais plutôt la privation d'attachement ? N'est-ce pas, comme les travaux de Harlow sur les singes semblent le suggérer, l'attachement lui-même qui est crucial, plutôt que l'attachement à un adulte particulier, qu'il s'agisse de la mère ou du substitut de la mère ?

Une certaine clarification des termes s'impose ici. Nous devons nous demander dans quelle mesure une privation d'attachement est possible. Comme nous l'avons vu au chapitre 4, dans le cas du bébé humain, l'attachement est en réalité la construction d'un riche réseau de conduites de communication impliquant des significations spécifiques et des échanges spécifiques. Ces échanges sont non verbaux, les unités de signification en sont arbitraires et spécifiques au couple particulier au sein duquel s'établit la communication. Ils diffèrent, en cela, des mots ou des phrases, qui revêtent (plus ou moins) le même sens entre n'importe quel couple.

S'il n'y a personne avec qui l'enfant puisse développer ce réseau non verbal très riche, il ne pourra, c'est évident, le développer tout seul. Schaffer a montré, en fait, que le développement ne se réalise tout simplement pas dans de telles conditions[7]. Qu'en est-il de l'enfant dont prennent soin de multiples personnes, sans cesse différentes, et qui toutes interagissent avec lui ? De tels enfants développeront un large éventail de conduites de communication, mais qui n'iront pas très profond. On les décrit généralement comme faciles, charmants et creux. Que pourraient-ils être d'autre ?

Y a-t-il quelque raison de penser que ces handicaps développementaux doivent être définitifs ? En d'autres mots, est-il possible de les annuler ? Les études prospectives à grande échelle décrites par Rutter ont montré qu'ils pouvaient l'être[8]. Les recherches plus détaillées de Schaffer nous apprennent en outre que les enfants, les bébés, acquièrent très rapidement les conduites de communication appropriées à leur âge. Y a-t-il une limite temporelle à ce processus de rattrapage ? Il y en a probablement une, mais elle se situe très tard. Même les divers enfants sauvages qui ont été décrits — telle Génie, qui avait douze ans lorsqu'elle fut pour la première fois introduite à des possibilités de communication — paraissaient encore capables de rattrapage à un degré non négligeable[9]. Dans tout type d'environnement normal, même dans l'environnement d'une institution impersonnelle, les enfants, s'ils sont suffisamment mobiles, peuvent communiquer les uns avec les autres, former des attachements les uns avec les autres.

Qu'en est-il de la situation dans un foyer normal? Une mère risque-t-elle de perdre l'attachement de son enfant si elle délègue une partie de ses responsabilités à quelque autre personne? Il faut souligner que le fait de s'occuper à cent pour cent de son enfant ne constitue pas une garantie d'un attachement exclusif. Rappelons-nous que, dans l'expérience de Schaffer, vingt pour cent des bébés formèrent leurs premiers attachements envers une personne qui ne jouait aucun rôle dans les soins quotidiens, une personne avec laquelle le seul lien était dans le comportement de communication. En second lieu, il nous faut mettre en question la nécessité, voire la normalité, en termes statistiques, de l'attachement singulier qu'idéalisent les théoriciens de la privation maternelle. Près d'un tiers des bébés de l'étude de Schaffer manifestaient des attachements multiples dès le début. Cela se passait en Ecosse, où pourtant prédomine l'usage éducatif où une seule et même personne prend soin du bébé. Les usages où plusieurs personnes interviennent sont courants de par le monde, et ils ne paraissent pas avoir les effets désastreux que postulent les premières versions de la théorie de la privation maternelle. L'affirmation selon laquelle un attachement à une seule personne est nécessaire au bien-être de l'enfant ne semble donc pas reposer sur des bases empiriques très solides. En fait, dans une société où les enfants se font rares, où l'indice de croissance de la population approche de zéro, il se pourrait que le bien-être des adultes exige des attachements multiples de la part des quelques bébés qui restent.

Qu'on ne me fasse cependant pas dire que l'absence d'occasions normales de former des attachements est une bonne chose. Il est tout à fait évident que c'est une mauvaise chose. Mais l'ensemble des faits disponibles semble indiquer que les effets de la privation temporaire ne sont pas irréversibles.

Que peut-on dire des effets bénéfiques de la formation normale de l'attachement? Ceux-ci peuvent-ils être annulés si l'enfant est placé plus tard dans un «mauvais» milieu? Ceci arrive, par exemple, lorsque l'enfant perd ses parents et doit être placé dans une institution. Deux types d'influences interviennent ici. L'une est la perte réelle des figures d'attachement. L'autre est l'effet de l'environnement institutionnel. Il semble que les enfants qui ont eu un bon milieu, quant à l'installation des relations sociales, au cours de la première enfance, sont bien prémunis contre ces deux influences négatives, et qu'ils ne présentent guère, voire pas du tout, de déficit dans leur fonctionnement social ou intellectuel ultérieur. Statistiquement, le bilan est moins optimiste si la cause de la séparation est le divorce. On peut penser que ce sont les facteurs à l'origine responsables de la rupture qui ont privé l'enfant des conditions d'une interaction et d'une communication normales avec les adultes de son milieu. Ici encore, il convient de souligner que les effets néfastes du divorce sont loin d'être universels. En fait, ils sont l'exception plutôt que la règle si l'on tient compte du grand nombre d'enfants élevés par des parents divorcés.

Comment résumer, dès lors, ces données sur l'effet des modalités de soins maternels sur le développement de la personnalité ? Des soins maternels de qualité au cours de la première enfance, soins qui garantissent le développement de conduites de communication profonde et intime, semble produire des effets bénéfiques *irréversibles* sur l'enfant qui se développe. La carence de ce type de soins produit des effets négatifs, effets qui sont *réversibles*, même si c'est à grand-peine. La difficulté qu'il y a à annuler les effets négatifs, comme la résistance des effets bénéfiques, m'incitent à affirmer que la première enfance est vraiment le segment le plus important de la vie pour le développement des capacités interpersonnelles que nous appelons personnalité. Un bébé heureux a le plus de chances de devenir un adulte heureux.

L'IDENTITÉ SEXUELLE

Un autre aspect de la personnalité qui semble rester relativement stable au-delà de la première enfance est l'identité sexuelle. Les preuves de cette affirmation proviennent d'études sur des individus dont le sexe avait été mal étiqueté au moment de la naissance, et fut corrigé lorsqu'on découvrit que l'on n'avait pas attribué au bébé le sexe qui convenait. Si le changement survient tôt dans la première enfance, parfois avec le secours de la chirurgie correctrice, il ne s'ensuit aucun effet négatif à long terme. Cependant, il est beaucoup plus difficile d'introduire un changement au-delà de la première enfance. Money fixe à trois ans la limite supérieure absolue[10]. Passé cette limite, il semble impossible de désapprendre à être un garçon pour apprendre comment être une fille, ou *vice versa*.

LES EFFETS DE L'HORAIRE DES REPAS SUR LA PERSONNALITÉ

Les spécialistes ont travaillé dur pour découvrir d'autres conséquences à long terme sur la personnalité des traitements subis dans la petite enfance. Un domaine de recherche fort en faveur à une certaine époque concernait les effets de l'horaire des repas sur la personnalité ultérieure.

L'horaire alimentaire peut varier depuis le régime complètement à la demande, où le bébé est nourri chaque fois qu'il sollicite de la nourriture, jusqu'au programme entièrement fixé, où le bébé est alimenté selon un horaire rigide, même s'il faut l'éveiller pour lui donner son repas. En théorie, ces deux modalités extrêmes devraient avoir des effets différents sur le développement. Le problème n'est pas sans analogie avec celui du développement des bébés aveugles, où l'absence d'occasions d'amorcer et de contrôler l'action semble conduire à une passivité généralisée. Il semblerait plausible que la passivité imposée par un horaire alimentaire rigide, préprogrammé, soit un moyen particulièrement puissant d'engendrer la passivité généralisée et la dépendance.

Les recherches réalisées dans ce domaine confirment l'idée que l'horaire alimentaire rigide encourage la dépendance passive[11]. Cependant, les effets sont de courte durée. On les observe à l'âge d'entrée à l'école maternelle, mais plus à l'âge d'entrée à l'école primaire. On ignore pourquoi il en est ainsi. Il est possible que, lorsque l'enfant devient plus mobile et spécialement lorsqu'il commence à se mêler aux autres enfants, de nouvelles habitudes d'action s'acquièrent qui supplantent celles qui s'étaient installées dans la petite enfance.

Aux niveaux les plus fondamentaux de la formation de la personnalité, l'expérience vécue dans la première enfance est donc cruciale. L'élaboration des capacités à interagir avec autrui est aisée dans la première enfance et devient de plus en plus difficile par la suite. C'est aussi dans la première enfance que l'enfant assume son identité sexuelle, de façon irréversible. C'est aussi dans la première enfance que se modèlent des aspects subtils de la personnalité, qui paraissent cependant plus plastiques. Dès que l'enfant est mobile, dès qu'il peut parler, certaines formes de comportement sont, apparemment, passibles de modification. Malgré cela, j'affirmerais quand même que la première enfance est la période de la vie la plus significative pour la formation de la personnalité.

CONSÉQUENCES À LONG TERME DE LA RESTRICTION VISUELLE

Bien que les expériences de la première enfance ne constituent pas les déterminants uniques du développement de la personnalité, certaines expériences semblent être critiques pour d'autres aspects du développement. Un ensemble de données assez surprenant (pour moi du moins) concerne les effets de la restriction de l'expérience visuelle sur le développement de la vision. Le système visuel est, à la naissance, bien

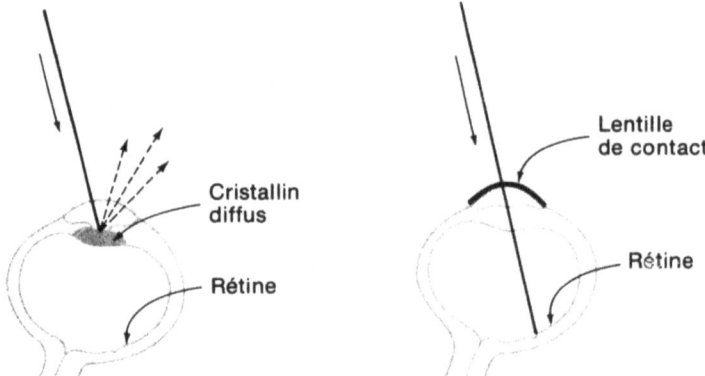

Fig. 9.3. Dans la cataracte, le cristallin de l'œil diffuse les rayons lumineux, de sorte qu'aucune lumière structurée n'atteint la rétine pour y former une image. Cette affection peut se soigner par la chirurgie : on implante un verre de contact pour remplir la fonction du cristallin normal.

constitué. Certains bébés viennent au monde atteints de cataracte, ce qui les empêche d'utiliser leur système visuel. Cette infirmité peut être éliminée chirurgicalement (fig. 9.3). Cependant, à moins que l'opération ne soit faite dans la toute première enfance, il apparaît qu'il ne vaut pas la peine de l'entreprendre. Même les structures nerveuses présentes à la naissance disparaîtront si elles ne sont pas utilisées au cours des premiers mois de la vie. Une fois que c'est arrivé, il semble très difficile, sinon impossible, de les restaurer.

Les structures intervenant dans la vision binoculaire sont plus sensibles encore. Comme nous l'avons vu au chapitre 5, la vision binoculaire est une capacité perceptive qu'affecte la croissance. Avant d'être utilisable, elle doit être calibrée. Rien qu'une semaine de restriction à la vision monoculaire, due à une infection de l'œil par exemple, peut limiter la possibilité d'installer fermement la vision binoculaire. On ne connaît pas la période précise de sensibilité, mais elle semble être à son maximum au cours des six premiers mois et est définitivement révolue à l'âge de dix-huit mois.

La vision binoculaire semble la plus délicate de toutes les fonctions perceptives humaines, la plus sensible aux perturbations. Cependant, la perturbation — par restriction à la vision monoculaire — doit se situer dans la première enfance pour avoir des effets permanents. Passé cette époque, même une période prolongée de vision monoculaire n'a que peu d'effets. Une fois le système fixé, par l'expérience de la première enfance, il est apparemment assez robuste pour résister aux assauts ultérieurs[12].

Il semble se produire quelque chose de semblable, bien que décidément plus mystérieux, dans le développement cognitif. Le bébé développe au cours de la première enfance un ensemble très élaboré de concepts. Ce développement est suffisamment robuste pour résister même à de graves handicaps, telle l'absence de membres, et par conséquent la perte totale d'expérience manipulatoire, comme c'est le cas chez les victimes de la thalidomide. Néanmoins, il est des handicaps contre lesquels le développement cognitif n'est pas complètement prémuni. La cécité en est l'exemple le plus frappant.

La cécité congénitale interfère avec le développement moteur, comme nous l'avons vu au chapitre 6. Elle interfère aussi, de diverses manières, avec le développement conceptuel. Au chapitre 7, nous avons discuté le processus par lequel le bébé acquiert la compréhension des relations spatiales possibles entre les objets, relations telles que *sur*, *dans*, *derrière*, *devant*, *entre*. De toute évidence, la réussite à des problèmes tels que ceux qui se trouvent schématisés à la figure 7.7 dépend de la compréhension et de l'intégration des concepts « à droite », « au milieu », « à gauche » aussi bien que des relations de distance. Ces relations sont spécifiées dans la vision, bien que leur intégration exige des processus plus centraux.

L'enfant qui voit résout ces problèmes vers l'âge de dix-huit mois. On est en droit de penser que les enfants aveugles de naissance ne les résolvent jamais. Ils n'acquièrent apparemment jamais le cadre spatial nécessaire aux jugements sur la position relative des objets[13]. Le cadre dont ils usent spontanément à la place est un cadre temporel.

Cela a été démontré très clairement dans une expérience de O'Connor et Hermelin[14]. Trois haut-parleurs, disposés comme le montre la figure 9.4, émettent trois sons différents — par exemple, « cinq », « sept », « neuf » — et l'on demande à l'enfant quel est le nombre qui vient du milieu. Sans s'occuper du nombre venu du haut-parleur central, l'enfant aveugle choisit invariablement le milieu temporel, ignorant la règle possible de l'ordre spatial.

C'est probablement parce qu'il s'appuie de la même façon sur l'ordre temporel que l'enfant aveugle éprouve des difficultés à résoudre un problème comme celui qu'illustre la figure 9.5. Généralement, la réponse donnée par les enfants aveugles à la question de savoir quel objet

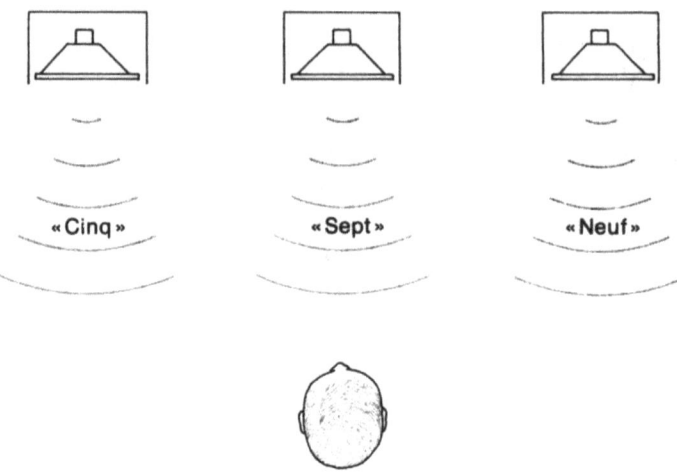

Fig. 9.4. Si des sons sont émis par les haut-parleurs selon la séquence « cinq, sept, neuf » ou « neuf, sept, cinq », leur ordre temporel correspond à l'ordre spatial des sources sonores (de gauche à droite ou de droite à gauche). Avec les séquences « sept, neuf, cinq », ou « neuf, cinq, sept », l'ordre temporel viole l'ordre spatial ; le nombre qui, temporellement, est au milieu n'est pas émis par le haut-parleur central. Dans cette situation, les enfants aveugles ignorent la possibilité de l'ordre spatial et identifient invariablement « le nombre du milieu » comme celui qui se situe temporellement en position centrale.

atteindra le premier une station particulière dépend de l'ordre dans lequel ils touchent les objets. Les enfants qui voient résolvent de tels problèmes à un niveau comportemental avant la fin de la première enfance. Les enfants aveugles ne peuvent pas les résoudre du tout.

Nous trouvons la preuve la plus frappante des incapacités des enfants aveugles dans une étude de Drever sur une série d'aveugles de naissance très intelligents, qui avaient réussi à passer les examens d'entrée universitaires en géométrie euclidienne[15]. Ils y étaient parvenus en mémorisant les théorèmes. Ils n'en avaient aucune compréhension, et n'étaient pas capables de résoudre le problème le plus simple basé sur ces théorèmes.

Ces handicaps cognitifs sont en raison directe de l'âge auquel s'installe la cécité. Si elle ne survient pas avant la fin de la première enfance, le développement des concepts spatiaux n'est apparemment pas affecté. Il existe d'ailleurs un géomètre de réputation internationale qui devint aveugle à l'âge de trois ans. L'expérience visuelle qu'il avait eue jusque-là suffit à lui assurer les concepts spatiaux requis pour faire des découvertes et des innovations en géométrie[16].

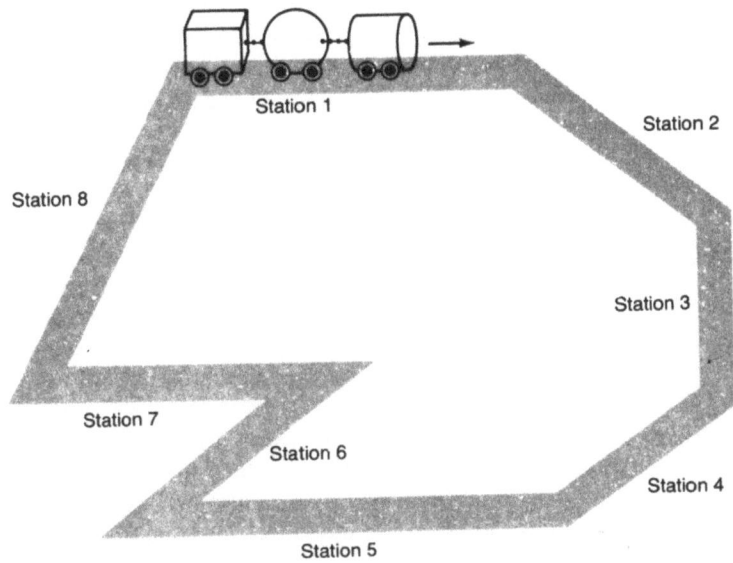

Fig. 9.5. Des enfants aveugles de naissance sont incapables de dire lequel des trois wagons composant ce train arrivera le premier à la station 2 (d'après Hatwell, 1966).

Ces résultats sont évidemment complémentaires aux données sur la récupération de la fonction visuelle après l'opération de la cataracte. Plus tard intervient la correction chirurgicale, moins il y a de chances pour que l'organisme en développement soit capable de tirer parti de la richesse d'informations spatiales que, seule parmi nos sens, la vision nous fournit. L'habitude de traiter l'information de façon temporelle semble bloquer la possibilité d'exploiter l'information spatiale. Serait-il possible d'améliorer cette situation en dotant le bébé du genre de dispositif sensible aux ultrasons que nous avons mentionné au chapitre 5 ? Nous ne pouvons en débattre actuellement, faute de données.

LES MÉCANISMES DU DÉVELOPPEMENT DANS LA PREMIÈRE ENFANCE

Comment se fait-il que l'expérience de la première enfance ait des conséquences irréversibles si contraignantes dans le domaine du développement perceptif et cognitif tout en ayant des effets moins décisifs sur le développement de la personnalité, des effets en certains cas réversibles ?

Une comparaison de ces deux aspects nous amène au cœur du problème de la nature du développement. Que se passe-t-il quand l'enfant se développe ? La première enfance est une période au cours de laquelle une masse de choses se développent, et se développent à un rythme rapide. Que pouvons-nous en tirer quant à la nature du développement ? Au départ, nous avons discuté deux conceptions opposées du développement, la conception nativiste et la conception empiriste. Ces deux théories diffèrent par leur manière de concevoir le rôle des informations fournies par le milieu dans la production des progrès développementaux. Pour les nativistes radicaux, les informations du milieu n'apportent rien au développement ; pour les empiristes radicaux, aucun développement ne peut avoir lieu sans des apports spécifiques du milieu.

Tout au long de ce livre, j'ai souligné l'importance des apports du milieu. J'ai insisté sur la valeur du point de vue empiriste. Néanmoins, j'ai le sentiment que la vérité est probablement dans une combinaison nuancée des deux positions. Ainsi, il est clair que, pour certains aspects du développement, l'absence d'apports normaux du milieu n'empêche pas le développement. Le développement a lieu, mais il prend une voie anormale.

Le développement des concepts spatiaux illustre bien ceci. L'enfant qui voit, exposé dès sa naissance à un univers ordonné à trois dimensions, développe des concepts d'espace qui intègrent cette propriété essentielle qu'est la tridimensionnalité. L'enfant aveugle, qui ne reçoit jamais ces informations, ne s'embarrasse pas des concepts spatiaux des autres nouveau-nés. Il élabore en lieu et place une manière de structurer les événements spatiaux en termes temporels, un système conceptuel à une seule dimension. Les données relatées ci-dessus font apparaître clairement que le choix d'un codage temporel de l'espace rend impossible de revenir ou de passer au codage tridimensionnel « normal » même si la vue est restaurée. De même, un enfant qui pendant deux ans a suivi la voie de la tridimensionnalité ne passera pas à un codage temporel s'il vient à perdre la vue.

Ceci implique assurément que le processus développemental, dans ce cas du moins, n'est pas un état passif, n'exigeant rien d'autre pour se dérouler que des déclencheurs dans le milieu. Ceci indique, au contraire, que l'organisme qui se développe recherche les moyens d'organiser le monde tel qu'il se présente à lui, et l'organise dans les termes de l'information qui lui est disponible. Une fois choisi un axe d'organisation particulier, des déclencheurs spécifiques de l'environnement peuvent être indispensables pour pousser le processus jusqu'en ses limites, comme nous l'avons vu au chapitre 7. Cependant, une certaine organisation a lieu sur base des apports extérieurs, quels qu'ils soient. Sa nature reflétera la structure présente dans l'information fournie au bébé. L'organisation qui émerge à ce moment-là déterminera alors les modes d'organisation autorisés ultérieurement.

Les effets perceptifs et cognitifs que nous avons discutés résultent d'une perte totale des apports sensoriels appropriés. Il n'existe alors aucune possibilité ni d'exploiter ces apports sensoriels dans les structures centrales, ni de réagir en fonction d'eux. Nous ne trouvons rien de comparable dans le développement de la personnalité. Le mot *personnalité* renvoie à nos répertoires de conduites d'interaction avec autrui. Le nouveau-né non seulement est prêt à interagir avec les gens, mais il lui faut des gens, avec lesquels il peut interagir. Autrement il meurt. En ce sens, le degré de privation possible dans le développement de la personnalité est limité. S'il devait approcher de la gravité de la perte d'apports sensoriels inhérente à la cécité, le bébé n'aurait aucun moyen de survivre. Ainsi, n'importe quelle condition d'éducation, quel que soit le degré de privation qu'elle semble impliquer, permettra toujours nécessairement au bébé d'exercer et de développer son répertoire inné de conduites d'interaction avec autrui, même si c'est à un niveau relativement bas.

Si nous voulons comparer le développement cognitif et le développement de la personnalité dans des conditions de privation, nous ne pouvons honnêtement comparer les effets d'une carence totale dans un cas et les effets d'apports minimaux dans l'autre. Nous devons comparer les effets d'apports minimaux d'un côté comme de l'autre. A la différence du développement de la personnalité, le développement cognitif semble pouvoir se dérouler avec des apports très réduits, pour autant qu'ils soient adéquats. Cependant, exactement comme l'absence de vision peut produire un ensemble de déficits large, mais spécifique, de même pourrions-nous nous attendre à ce que l'absence d'autres apports spécifiques entraîne, elle aussi, des incapacités spécifiques. Certains de ces apports spécifiques ont été décrits dans les chapitres précédents. La plupart d'entre eux restent encore à explorer.

ÉLEVER UN BÉBÉ PLUS INTELLIGENT

En ce moment de notre histoire sociale, on attache un grand intérêt à tenter de préciser quel est le meilleur environnement possible pour un bébé. Dans le passé, la «mère Nature», opérant à travers l'«amour maternel», prenait automatiquement soin de l'affaire. Aujourd'hui, en raison des pressions sociales et économiques, beaucoup de bébés passent une bonne partie de leur temps loin de leur mère. Beaucoup de mères, répondant à des pressions de compétition au sein de la société, font de leur mieux pour élever un bébé plus intelligent, mieux à même de faire face aux exigences intellectuelles du système éducatif que l'on considère comme la clef du succès, voire de la survie, dans le système. Beaucoup d'autres ont renié le système et adopté d'autres styles de vie, avec d'autres modalités d'éducation des enfants, dont nous commençons seulement à étudier les effets.

Est-il possible de caractériser un milieu comme «bon» ou comme «mauvais» pour un bébé ? Certains milieux sont assurément mauvais. Tout milieu présentant des contacts sociaux réduits, des occasions réduites d'exercice, peu ou point de situations de solution de problèmes n'est certainement pas bénéfique au développement. Cependant, l'augmentation à l'infini des contacts sociaux, des possibilités d'exercice, etc., n'implique pas nécessairement une augmentation concomitante de la «bonne» qualité de l'environnement.

Nous avons déjà mentionné deux conséquences de la surcharge des capacités d'apprentissage de l'enfant. Un excès d'exercice, par exemple, peut entraîner l'automatisation d'un comportement à un point tel que le même comportement ne peut plus s'appliquer à une situation nouvelle. Nous en trouvons un exemple simple dans les conduites de préhension. Si l'on place le bébé dans une situation où un objet se trouve toujours à la même place et peut toujours être atteint à l'aide du même mouvement, le bébé produira le même mouvement de façon stéréotypée chaque fois que l'objet sera présent. Mais il produira aussi le même mouvement pour essayer d'atteindre un autre objet placé à un endroit différent. Ce type de réponse stéréotypée peut se corriger aisément. Cependant, les choses ne se modifient pas aussi facilement dans d'autres secteurs du développement. L'automatisation stéréotypée à un stade quelconque du développement conceptuel semble entraîner des retards développementaux de plusieurs mois.

Un autre danger d'un milieu exagérément enrichi est de présenter au bébé plus de choses qu'il n'est capable d'en maîtriser. Il semble que les bébés aiment résoudre des problèmes, mais les problèmes qui dépassent leurs ressources ont l'effet opposé. Le bébé se soustrait simplement à toute la situation. L'absence de problèmes à résoudre, et des problèmes trop difficiles sont probablement également néfastes du point de vue du bébé.

Tout ce qui précède est terriblement vague — ou, pour mieux dire, terriblement général. Il n'est pas possible de prescrire le meilleur milieu pour un bébé donné. Ce qui est bon pour un individu particulier dépend de son niveau général de développement — social, perceptif, moteur, intellectuel. Le mieux que nous puissions faire est de recourir à une norme typique du développement dans ces différents secteurs et d'en user comme d'un indice de ce que le bébé normal est capable de faire aux différents âges. Ceci peut servir à apprécier l'harmonie du développement et à décider du type d'apports appropriés ou nécessaires, à s'assurer de ce que le bébé ne soit sujet ni à l'ennui ni à la frustration, mais qu'il dispose plutôt d'un environnement qui défie ses compétences en développement juste ce qu'il faut pour les amener à l'épanouissement le plus complet possible.

NOTES

[1] Kringlen et Jorgerson, 1975.
[2] Bowlby, 1951.
[3] Lorenz, 1952.
[4] Harlow, 1959.
[5] Bowlby, Ainsworth, Boston et Rosenbluth, 1956; Beres et Obers, 1950; Rutter, 1972.
[6] Freud et Dann, 1951.
[7] Schaffer, 1963.
[8] Rutter, 1972.
[9] Curtiss, Fromkin, Krashen, Rigler et Rigler, 1974.
[10] Money, 1965.
[11] Sears, Maccoby et Levin, 1957.
[12] Wiesel, 1975.
[13] Drever, 1955; Hatwell, 1966.
[14] O'Connor et Hermelin, 1972.
[15] Drever, 1962.
[16] Drever, 1955.

Bibliographie

Alderson, E. et Fraiberg, S., Gross motor development in infants blind from birth, *Child Development*, *45*, 114-126, 1974.

Ahrens, R., Beitrage zur Entwicklung des Physionomie — und Mimikerkennes, *Zeitschrift für experimentelle und angewarde Psychologie*, *2*, 1954.

Ambrose, J.A., The development of the smiling response in early infancy, *in* B.M. Foss (ed.), *Determinants of behaviour*, New York : Wiley, 1961.

Anderson, J.W., Attachment behaviour out of doors, *in* N.G. Blurton-Jones (ed.), *Ethological studies of child behaviour*, Londres : Cambridge University Press, 1972.

André-Thomas et Dargassies, St.A., *Etudes neurologiques sur le nouveau-né et le jeune nourrisson*, Paris : Masson, 1952.

Aronson, E. et Rosenbloom, S., Space perception in early infancy : perception within a common auditory-visual space, *Science*, *172*, 1161-1163, 1971.

Ball, W. et Tronick, E., Infant response to impending collision : optical and real, *Science*, *171*, 818-820, 1971.

Beres, D. et Obers, S.J., The effects of extreme deprivation in infancy on psychic structure in adolescence : a study in ego development, *Psychoanalytic Study of the Child*, *5*, 212-235, 1950.

Bever, T.G., Mehler, J. et Epstein, J., What children do in spite of what they know, *Science*, *162*, 921-924, 1968.

Birdwhistell, R.L., *Kinesics and context*, Philadelphia : University of Pennsylvania Press, 1970.

Bower, T.G.R., The visual world of infants, *Scientific American*, *215*, 80-92 (offprint 502), 1966a.

Bower, T.G.R., Heterogeneous summation in human infants, *Animal Behaviour*, *14*, 395-398, 1966b.

Bower, T.G.R., The object in the world of the infant, *Scientific American*, *225*, 30-38 (offprint 539), 1971.

Bower, T.G.R., Object perception in infants, *Perception*, *1*, 15-30, 1972.

Bower, T.G.R., *The development of reaching in infants*. Manuscrit non publié, Université d'Edimbourg, 1973.

Bower, T.G.R., *Development in infancy*, San Francisco : Freeman, 1974.

Bower, T.G.R., Notion de l'objet : les yeux, les mains et les paroles, *in* H. Hécaen (éd.), *De la motricité au geste*, Paris : Presses Universitaires de France, 1976.

Bower, T.G.R., Broughton, J.M. et Moore, M.K., Infant responses to approaching objects : an indicator of response to distal variables, *Perception and Psychophysics*, 9, 193-196, 1970a.

Bower, T.G.R., Broughton, J.M. et Moore, M.K., Demonstration of intention in the reaching behavior of neonate humans, *Nature*, 228, 5172, 1970b.

Bower, T.G.R., Broughton, J.M. et Moore, M.K., The coordination of visual and tactual input in infancy, *Perception and Psychophysics*, 8, 51-53, 1970c.

Bower, T.G.R. et Paterson, J.G., Stages in the development of the object concept, *Cognition*, 1, 47-55, 1972.

Bower, T.G.R., Watson, J.S., Umansky, R. et Magoun, M., *Auditory surrogates for vision in sensory-motor development*. Manuscrit soumis pour publication, 1976.

Bower, T.G.R. et Wishart, J.G., *Development of auditory-manual coordination*. Manuscrit non publié, Université d'Edimbourg, 1973.

Bower, T.G.R. et Wishart, J.G., *Compensation and conservation in the drinking behaviour of infants*. Manuscrit non publié, Edimbourg, 1976.

Bowlby, J., *Maternal care and mental health*, Genève, Organisation Mondiale de la Santé, 1951.

Bowlby, J., *Attachment and loss* : vol. 1, *Attachment*, Londres : Hogarth, 1969.

Bowlby, J., Ainsworth, M.D., Boston, M. et Rosenbluth, D., The effects of mother-child separation : a follow-up study, *British Journal of Medical Psychology*, 29, 211-247, 1956.

Bresson, F., Maury, L., Pieraut-Bonniec, G. et de Schönen, S., Organisation and lateralization of reaching in infants : an instance of asymmetric functions in hand collaboration, *Neuropsychologie*, 1976.

Brody, J. et Axelrad, S., Maternal stimulation and the social responsiveness of infants, *in* H.R. Schaffer (ed.), *The origins of human social relations*, Londres : Academic Press, 1971.

Brown, I.E. et Bower, T.G.R., The problem of object permanence, *Cognition*, 1976.

Bruner, J.S., *Processes of cognitive growth : infancy*, Worcester, Mass. : Clark University Press, 1968.

Bruner, J.S. et Koslowski, B., Visually preadapted constituents of manipulatory action, *Perception*, 1, 3-15, 1972.

Burlingham, D., Some notes on the development of the blind, *Psychoanalytic Study of the Child*, 62, 121-145, 1961.

Call, J., Communication présentée au Congrès de la Southern California Psychiatric Association, Los Angeles, 1975.

Carpenter, G., Mother's face and the newborn, *in* R. Lewin (ed.), *Child alive*, Londres : Temple Smith, 1975.

Condon, W.S., Speech makes babies move, *in* R. Lewin (ed.), *Child alive*, Londres : Temple Smith, 1975.

Condon, W.S. et Sander, L., Neonate movement in synchronized with adult speech : interactional participation and language acquisition, *Science*, 183, 99-101, 1974.

Cotzin, M. et Dallenbach, K.M., «Facial vision» : the role of pitch and loudness in the perception of obstacles by the blind, *American Journal of Psychology*, 63, 485-515, 1950.

Curtiss, S., Fromkin, V., Krashen, S., Rigler, D. et Rigler, M., The linguistic development of Genie, *Language, 50*, 528-554, 1974.
Day, R.H. et McKenzie, B.E., Perceptual shape constancy in early infancy, *Perception, 2*, 315-321, 1973.
Dennis, W., Infant development under conditions of restricted practice and of minimum social stimulation : a preliminary report, *Journal of Genetic Psychology, 53*, 149-158, 1938.
Dennis, W., The effect of cradling practices upon the onset of walking in Hopi children, *Journal of Genetic Psychology, 56*, 77-86, 1940.
De Schönen, S., Rapport pour le Centre pour l'Etude de la Pensée et du Langage, Ecole pratique des Hautes Etudes, Paris, 1975.
Dittrichova, J., *in* R.J. Robinson (ed.), *Brain and early behaviour*, Londres : Academic Press, 1969.
Drever, J., Early learning and the perception of space, *American Journal of Psychology, 68*, 605-614, 1955.
Drever, J., Perception in action, *Bulletin of the British Psychological Society, 45*, 1-14, 1962.
Dunkeld, J., *The development of imitation in infancy*. Thèse doctorale, Université d'Edimbourg, 1976.
Dunkeld, J. et Bower, T.G.R., *Infant response to impending optical collision*. Manuscrit soumis pour publication, 1976a.
Dunkeld, J. et Bower, T.G.R., *Intersensory differentiation in infancy*. Manuscrit non publié, Université d'Edimbourg, 1976b.
Dunkeld, J. et Bower, T.G.R., *The effect of wearing prisms on reaching behaviour*. Manuscrit non publié, Université d'Edimbourg, 1976c.
Eimas, P.D., Siqueland, E.R., Jusczyk, P. et Vigorito, J., Speech perception in infants, *Science, 171*, 303-306, 1971.
Erikson, E.H., *Childhood and society*, New York : Northon; Londres : The Hogarth Press, 1950.
Fantz, R.L., The origin of form perception, *Scientific American, 204*, 66-72 (offprint 459), 1961.
Freedman, D.G., Smiling in blind infants and the issue of innate versus acquired, *Journal of Child Psychology and Psychiatry and Allied Disciplines, 5*, 171-184, 1964.
Freedman, D.G. et Freedman, N.C., Sensory capabilities : attention, indicator responses, *Nature, 224*, 1227, 1969.
Freud, A. et Dann, S., An experiment in group upbringing, *Psychoanalytic Study of the Child, 6*, 127-168, 1951.
Gaze, R.M., *The formation of nerve connections*, Londres : Academic Press, 1970.
Gesell, A. et Thompson, H., Learning and growth in identical infant twins : an experimental study by the method of co-twins control, *Genetic Psychology Monographs, 6*, 1-125, 1929.
Gibson, J.J., *The perception of the visual world*, Boston : Houghton Mifflin, 1950.
Goldberg, S. et Lewis, M., Play behaviour in the year-old infant : early sex differences, *Child Development, 40*, 21-32.
Gouin-Decarie, T., A study of the mental and emotional development of the thalidomide child, *in* B.M. Foss (ed.), *Determinants of infant behaviour*, vol. 4, Londres : Methuen, 1969.
Greenfield, P.M., Nelson, K. et Salzman, E., The development of rulebound strategies for manipulating seriated cups : a parallel between action and grammar, *Cognitive Psychology, 3*, 291-310, 1972.
Halliday, M.A.K., *Explorations in the functions of language*, Londres : Arnold, 1973.

Halliday, M.A.K., *Learning how to mean : explorations in the development of language*, Londres : Arnold, 1975.

Harlow, H.F., Love in infant monkeys, *Scientific American, 200*, 68-74 (offprint 429), 1959.

Hatwell, Y., *Privation sensorielle et intelligence*, Paris : Presses Universitaires de France, 1966.

Held, R., Plasticity in sensory-motor systems, *Scientific American, 213*, 84-94 (offprint 494), 1965.

Held, R. et Hein, A., Movement-produced stimulation in the development of visually guided behaviour, *Journal of Comparative and Physiological Psychology, 37*, 87-95, 1963.

Hubel, D.H. et Wiesel, T.N., Receptive fields, binocular interaction, and functional architecture in the cat's visual cortex, *Journal of Physiology, 160*, 106-156, 1962.

Hunt, J. McV. et Uzgiris, I.C., Cathexis from recognitive familiarity : an exploratory study. Communication présentée au Congrès de l'American Psychological Association, Los Angeles, 1964.

Kringlen, E. et Jorgerson, K., *Personality development in twins*. Manuscrit non publié, Center for Advanced Study in the Behavioral Sciences, Stanford University, 1975.

Lenneberg, E.H., Speech as a motor skill with special reference to non-aphasic disorders, *Child Development Monographs, 29*, 115-126, 1964.

Lenneberg, E.H., *Biological foundations of language*, New York : Wiley, 1967.

Lenneberg, E.H., On explaining language, *Science, 164*, 635-643, 1967.

Lipsitt, L., Learning capacities of the human infant, *in* R.J. Robinson (ed.), *Brain and early behaviour*, Londres : Academic Press, 1969.

Lorenz, K., *King Solomon's Ring*, Londres : Methuen, 1952.

Lyons, K., Integration of auditory and visual spatial information in early infancy. Communication présentée au Congrès de la Society for Research in Child Development, Denver, 1975.

McCaffrey, A., Thèse doctorale, Cornell University, 1972.

McDonnell, P., The development of visually guided reaching, *Perception and Psychophysics, 18*, 181-185, 1975.

McNeill, D., Developmental psycholinguistics, *in* F. Smith et G.A. Miller (eds), *The genesis of language*, Cambridge, Mass. : MIT Press, 1966.

Maratos, O., *The origin and development of imitation in the first six months of life*. Thèse doctorale, Université de Genève, 1973.

Melzoff, A. et Moore, M.K., Communication présentée au Congrès de la Society for Research in Child Development, Denver, 1975.

Money, J., Psychosexual differenciation, *in* J. Money (ed.), *Sex research : new developments*, New York : Holt, Rinehart & Winston, 1965.

Monnier, C., Rapport du Centre d'Epistémologie Génétique, Genève, 1971.

Monnier, C., *La genèse de l'expérimentation : exploration d'objets nouveaux par les bébés*. Thèse doctorale. Université de Genève, 1976.

Moore, M.K., Object permanence and object identity. Communication présentée au Congrès de la Society for Research in Child Development, Denver, 1975.

Mounoud, P. et Bower, T.G.R., Conservation of weight in infants, *Cognition, 3*, 29-40, 1974.

Mundy-Castle, A.C. et Anglin, J., The development of looking in infancy. Communication présentée au Congrès de la Society for Research in Child Development, Santa Monica, Calif., 1969.

O'Connor, N. et Hermelin, B., Seeing and hearing in space and time, *Perception and Psychophysics, 11*, 46-48, 1972.

Papousek, H., Individual variability in learned responses in human infants, *in* R.J. Robinson (ed.), *Brain and early behaviour*, Londres : Academic Press, 1969.

Piaget, J., *La naissance de l'intelligence chez l'enfant*, Neuchatel et Paris, Delachaux et Niestlé, 1936.

Piaget, J., *La construction du réel chez l'enfant*, Neuchatel et Paris, Delachaux et Niestlé, 1937.

Robertson, J. (ed.), *Hospitals and children : a parent's eye view*, Londres : Gollancz, 1972.

Rutter, M., *Maternal deprivation reassessed*, Harmondsworth, England : Penguin, 1972.

Rynders, J., *Annual Report of the University of Minnesota Institute of Child Development*, 1975.

Sanders, L.W., Regulation and organisation in the early infant-caretaker system, *in* R.J. Robinson (ed.), *Brain and early behaviour*, Londres : Academic Press, 1969.

Schachter, S., *The psychology of affiliation*, Stanford, Calif. : Stanford University Press, 1959.

Schaffer, H.R., Some issues for research in the study of attachment behaviour, *in* B.M. Foss (ed.), *Determinants of infant behaviour*, vol. 2, New York, Wiley, 1963.

Schaffer, H.R., *The growth of sociability*, Harmondsworth, England : Penguin, 1971.

Schaffer, H.R. et Emerson, P.E., The development of social attachments in infancy, *Monographs of the Society for Research in Child Development*, 29, 3, 1964.

Sears, R.R., Maccoby, E.E. et Levin, H., *Patterns of child rearing*, New York : Harpers & Row, 1957.

Shirley, M.M., *The first two years*, vol. 1 : *Postural and locomotor developments*, Minneapolis : University of Minnesota Press, 1959.

Siqueland, E.R. et Lipsitt, L.P., Conditioned head-turning in human newborns, *Journal of Experimental Child Psychology*, 3, 356-376, 1966.

Spitz, R.A., Anxiety in infancy : a study of its manifestations in the first year of the life, *International Journal of Psychoanalysis*, 31, 138-143, 1950.

Spitz, R.A. et Wolf, K.M., The smiling response : a contribution to the ontogenesis of social relation, *Genetic Psychology Monographs*, 34, 57-125, 1946.

Stott, D.H., Evidence for prenatal impairment of temperament in mentally subnormal children, *Vita Humana*, 2, 125-148, 1959.

Stott, D.H., Abnormal mothering as a cause of mental subnormality, I : A critique of some classic studies of maternal deprivation in the light of possible congenital factors, *Journal of Child Psychology and Psychiatry and Allied Disciplines*, 3, 79-93, 1962a.

Stott, D.H., Abnormal mothering as a cause of mental subnormallity, II: *Journal of Child Psychology and Psychiatry and Allied Disciplines*, 3, 133-148, 1962b.

Supa, M., Cotzin, M. et Dallenbach, K.M., « Facial Vision » : The perception of obstacles by the blind, *American Journal of Psychology*, 57, 133-183, 1944.

Trevarthen, C., Early attempts at speech, *in* R. Lewin (ed.), *Child alive*, Londres : Temple Smith, 1975.

Uhthoff, D.D., Helmholtz-Festschrift Z.70 Geburtstag, *in* M. von Senden, *Space and sight*, Londres : Methuen, 1960 (édition allemande originale, 1891).

Urwin, C., *The development of a blind baby*. Manuscrit inédit présenté à l'Université d'Edimbourg, janvier, 1973.

Von Hofsten, C., Binocular convergence as a determinant in reaching behaviour in infancy, *Perception*, 1976.

Wahler, R.G., Infant social attachments : a reinforcement theory interpretation and investigation, *Child Development*, 38, 1079-1088, 1967.

Washburn, R.W., A study of smiling and laughing of infants in the first year of life, *Genetic Psychology Monographs*, 6, 396-537, 1929.

Watson, J.S., Perception of object orientation in infants, *Merrill-Palmer Quarterly of Behaviour and Development*, *12*, 73-94, 1966a.

Watson, J.S., The development and generalisation of «contingency awareness» in early infancy : some hypotheses, *Merril-Palmer Quarterly of Behaviour and Development*, *12*, 123-135, 1966b.

Watson, J.S., Smiling, cooing and «the game», *Merril-Palmer Quarterly of Behaviour and Development*, *18*, 323-339, 1973.

Wertheimer, M., Psycho-motor coordination of auditory-visual space at birth, *Science*, *134*, 1692, 1961.

White, B. et Held, R., Plasticity of sensory-motor development in the human infant, *in* J.F. Rosenblith and W. Allinsmith (eds), *The causes of behaviour*, Boston : Allyn & Bacon, 1966.

Wiesel, T.N., Grass Foundation Lectures, Stanford University, 1975.

Wishart, J.G. et Bower, T.G.R., *The development of number conservation in infancy*. Manuscrit non publié de l'Université d'Edimbourg, 1976a.

Wishart, J.G. et Bower, T.G.R., *Comprehension of spatial relations in the development of the object concept*. Manuscrit non publié, Université d'Edimbourg, 1976b.

Wolff, P.H., Observations on the early development of smiling, *in* B.M. Foss (ed.), *Determinants of infant behaviour*, vol. 2, New York : Wiley, 1963.

Wolff, P.H., Motor development and holotencephaly, *in* R.J. Robinson (ed.), *Brain and early behaviour*, Londres : Academic Press, 1969a.

Wolff, P.H., The natural history of crying and other vocalisations in early infancy, *in* B.M. Foss (ed.), *Determinants of infant behaviour*, vol. 4, Londres : Methuen, 1969b.

Zelazo, P.R., Zelazo, N.A. et Kolb, S., «Walking» in the newborn, *Science*, *176*, 314-315, 1972.

Table des matières

Préface 5

Chapitre 1
L'ÉTUDE DE LA PREMIÈRE ENFANCE 7

Importance de la première enfance 8
L'étude scientifique de la première enfance 11
Les limites à l'expérimentation 18

Chapitre 2
LE MONDE DU NOUVEAU-NÉ 21

Les capacités d'apprentissage des nouveau-nés 22
L'univers perceptif du nouveau-né 24
Les capacités motrices du nouveau-né 31
Le monde social du nouveau-né 33

Chapitre 3
LE SOURIRE : UN CAS ÉTRANGE 43

Le développement du sourire 44
Sourire et développement perceptif 46
Sourire et développement cognitif 48

Chapitre 4
LA GENÈSE DES ATTACHEMENTS 57

Peur de l'étranger et angoisse de séparation 58
Les théories classiques sur l'angoisse de séparation 60
Une théorie de la communication 63
Les interactions sociales 69
Les différences de personnalité 71

Chapitre 5
LE DÉVELOPPEMENT PERCEPTIF 75

La différenciation intersensorielle 76
Changements dans la capacité de traiter l'information 78
La croissance des organes sensoriels 88
Effets de la restriction imposée au système perceptif 91

Chapitre 6
LE DÉVELOPPEMENT MOTEUR 95

Le développement de la marche 97
Le développement des conduites de pointage et de préhension 100
Le développement moteur chez les bébés aveugles 103
Le développement moteur dans le syndrome de Down 114

Chapitre 7
LE DÉVELOPPEMENT COGNITIF 117

Les plaisirs d'apprendre 118
Le développement de la notion d'objet 119
Les concepts de relations spatiales 124
Les concepts et la tasse 129

Les concepts de conservation et de nombre 130
Les mécanismes du développement cognitif 132

Chapitre 8
LE DÉVELOPPEMENT DU LANGAGE DANS LA PREMIÈRE ENFANCE 141

Discrimination de la parole chez le jeune enfant 142
Les vocalisations dans la première enfance 144
Les mécanismes sous-tendant le développement du langage 145
Le développement des conduites de communication 148

Chapitre 9
LES EFFETS À LONG TERME DE LA PREMIÈRE ENFANCE 157

Privation maternelle et développement de la personnalité 159
L'identité sexuelle 166
Les effets de l'horaire des repas sur la personnalité 166
Conséquences à long terme de la restriction visuelle 167
Les mécanismes du développement dans la première enfance 171
Élever un bébé plus intelligent 173

Bibliographie 177

CHEZ LE MÊME ÉDITEUR

PSYCHOLOGIE ET SCIENCES HUMAINES
collection publiée sous la direction de MARC RICHELLE

 1 Dr Paul Chauchard : LA MAITRISE DE SOI. *9ᵉ éd.*
 7 Paul-A. Osterrieth : FAIRE DES ADULTES. *16ᵉ éd.*
 9 Daniel Widlöcher : L'INTERPRETATION DES DESSINS D'ENFANTS. *9ᵉ éd.*
11 Berthe Reymond-Rivier : LE DEVELOPPEMENT SOCIAL DE L'ENFANT ET DE L'ADOLESCENT. *13ᵉ éd.*
22 H. T. Klinkhamer-Steketée : PSYCHOTHERAPIE PAR LE JEU. *4ᵉ éd.*
24 Marc Richelle : POURQUOI LES PSYCHOLOGUES? *6ᵉ éd.*
25 Lucien Israel : LE MEDECIN FACE AU MALADE. *5ᵉ éd.*
26 Francine Robaye-Geelen : L'ENFANT AU CERVEAU BLESSE. *2ᵉ éd.*
27 B.F. Skinner : LA REVOLUTION SCIENTIFIQUE DE L'ENSEIGNEMENT. *3ᵉ éd.*
29 J.C. Ruwet : ETHOLOGIE : BIOLOGIE DU COMPORTEMENT. *3ᵉ éd.*
38 B.-F. Skinner : L'ANALYSE EXPERIMENTALE DU COMPORTEMENT. *2ᵉ éd.*
40 R. Droz et M. Rahmy : LIRE PIAGET. *3ᵉ éd.*
42 Denis Szabo, Denis Gagné, Alice Parizeau : L'ADOLESCENT ET LA SOCIETE. *2ᵉ éd.*
43 Pierre Oléron : LANGAGE ET DEVELOPPEMENT MENTAL. *2ᵉ éd.*
45 Gertrud L. Wyatt : LA RELATION MERE-ENFANT ET L'ACQUISITION DU LANGAGE. *2ᵉ éd.*
49 T. Ayllon et N. Azrin : TRAITEMENT COMPORTEMENTAL EN INSTITUTION PSYCHIATRIQUE
52 G. Kellens : BANQUEROUTE ET BANQUEROUTIERS
55 Alain Lieury : LA MEMOIRE
58 Jean-Marie Paisse : L'UNIVERS SYMBOLIQUE DE L'ENFANT ARRIERE MENTAL
59 Jacques Van Rillaer : L'AGRESSIVITE HUMAINE
61 Jérôme Kagan : COMPRENDRE L'ENFANT
62 Michel S. Gazzaniga : LE CERVEAU DEDOUBLE
64 X. Seron, J.L. Lambert, M. Van der Linden : LA MODIFICATION DU COMPORTEMENT
65 W. Huber : INTRODUCTION A LA PSYCHOLOGIE DE LA PERSONNALITE. *2ᵉ éd.*
66 Emile Meurice : PSYCHIATRIE ET VIE SOCIALE
67 J. Château, H. Gratiot-Alphandéry, R. Doron et P. Cazayus : LES GRANDES PSYCHOLOGIES MODERNES
68 P. Sifnéos : PSYCHOTHERAPIE BREVE ET CRISE EMOTIONNELLE
69 Marc Richelle : B.F. SKINNER OU LE PERIL BEHAVIORISTE
70 J.P. Bronckart : THEORIES DU LANGAGE
71 Anika Lemaire : JACQUES LACAN. *8ᵉ éd. revue et augmentée.*
72 J.L. Lambert : INTRODUCTION A L'ARRIERATION MENTALE
73 T.G.R. Bower : DEVELOPPEMENT PSYCHOLOGIQUE DE LA PREMIERE ENFANCE. *4ᵉ éd.*
74 J. Rondal : LANGAGE ET EDUCATION
75 Sheila Kitzinger : PREPARER A L'ACCOUCHEMENT
76 Ovide Fontaine : INTRODUCTION AUX THERAPIES COMPORTEMENTALES
77 Jacques-Philippe Leyens : PSYCHOLOGIE SOCIALE. *2ᵉ éd.*
78 Jean Rondal : VOTRE ENFANT APPREND A PARLER *3ᵉ éd.*
79 Michel Legrand : LE TEST DE SZONDI
80 H.J. Eysenck : LA NEVROSE ET VOUS
81 Albert Demaret : ETHOLOGIE ET PSYCHIATRIE
82 Jean-Luc Lambert et Jean A. Rondal : LE MONGOLISME. *4ᵉ éd.*
83 Albert Bandura : L'APPRENTISSAGE SOCIAL
84 Xavier Seron : APHASIE ET NEUROPSYCHOLOGIE
85 Roger Rondeau : LES GROUPES EN CRISE?

86 J. Danset-Léger : L'ENFANT ET LES IMAGES DE LA LITTERATURE ENFANTINE
 87 Herbert S. Terrace : NIM. UN CHIMPANZE QUI A APPRIS LE LANGAGE GESTUEL
 88 Roger Gilbert : BON POUR ENSEIGNER?
 89 Wing, Cooper et Sartorius : GUIDE POUR UN EXAMEN PSYCHIATRIQUE
 90 Jean Costermans : PSYCHOLOGIE DU LANGAGE
 91 Françoise Macar : LE TEMPS, PERSPECTIVES PSYCHOPHYSIOLOGIQUES
 92 Jacques Van Rillaer : LES ILLUSIONS DE LA PSYCHANALYSE. 2e éd.
 93 Alain Lieury : LES PROCEDES MNEMOTECHNIQUES
 94 Georges Thinès : PHENOMENOLOGIE ET SCIENCE DU COMPORTEMENT
 95 Rudolph Schaffer : COMPORTEMENT MATERNEL
 96 Daniel Stern : MERE ET ENFANT, LES PREMIERES RELATIONS. 3e éd.
 97 R. Kempe & C. Kempe : L'ENFANCE TORTUREE
 98 Jean-Luc Lambert : ENSEIGNEMENT SPECIAL ET HANDICAP MENTAL
 99 Jean Morval : INTRODUCTION A LA PSYCHOLOGIE DE L'ENVIRONNEMENT
100 Pierre Oleron et al. : SAVOIRS ET SAVOIR-FAIRE PSYCHOLOGIQUES CHEZ L'ENFANT
101 Bernard I. Murstein : STYLES DE VIE INTIME
102 Rondal/Lambert/Chipman : PSYCHOLINGUISTIQUE ET HANDICAP MENTAL
103 Brédart/Rondal : L'ANALYSE DU LANGAGE CHEZ L'ENFANT. 2e éd.
104 David Malan : PSYCHODYNAMIQUE ET PSYCHOTHERAPIE INDIVIDUELLE
105 Philippe Muller : WAGNER PAR SES REVES
106 John Eccles : LE MYSTERE HUMAIN
107 Xavier Seron : REEDUQUER LE CERVEAU
108 Moreau/Richelle : L'ACQUISITION DU LANGAGE. 5e éd.
109 Georges Nizard : ANALYSE TRANSACTIONNELLE ET SOIN INFIRMIER
110 Howard Gardner : GRIBOUILLAGES ET DESSINS D'ENFANTS, LEUR SIGNIFICATION
111 Wilson/Otto : LA FEMME MODERNE ET L'ALCOOL
112 Edwards : DESSINER GRACE AU CERVEAU DROIT
113 Rondal : L'INTERACTION ADULTE-ENFANT
114 Blancheteau : L'APPRENTISSAGE CHEZ L'ANIMAL
115 Boutin : FORMATION ET DEVELOPPEMENTS
116 Húsen : L'ECOLE EN QUESTION
117 Ferrero/Besse : L'ENFANT ET SES COMPLEXES
118 R. Bruyer : LE VISAGE ET L'EXPRESSION FACIALE
119 J.P. Leyens : SOMMES-NOUS TOUS DES PSYCHOLOGUES?
120 J. Château : L'INTELLIGENCE OU LES INTELLIGENCES?
121 M. Claes : L'EXPERIENCE ADOLESCENTE
122 J. Hayes et P. Nutman : COMPRENDRE LES CHOMEURS
123 S. Sturdivant : LES FEMMES ET LA PSYCHOTHERAPIE
124 A. Pomerleau et G. Malcuit : L'ENFANT ET SON ENVIRONNEMENT
125 A. Van Hout et X. Seron : L'APHASIE DE L'ENFANT
126 A. Vergote : RELIGION, FOI, INCROYANCE
127 Sivadon/Fernandez-Zoïla : TEMPS DE TRAVAIL, TEMPS DE VIVRE
128 Born : JEUNES DEVIANTS OU DELINQUANTS JUVENILES?
129 Hamers/Blanc : BILINGUALITE ET BILINGUISME
130 Legrand : PSYCHANALYSE, SCIENCE, SOCIETE
131 Le Camus : PRATIQUES PSYCHOMOTRICES
132 Lars Fredén : ASPECTS PSYCHOSOCIAUX DE LA DEPRESSION
133 Mount : LA FAMILLE SUBVERSIVE
134 Magerotte : MANUEL D'EDUCATION COMPORTEMENTALE CLINIQUE
135 Dailly/Moscato : LATERALISATION ET LATERALITE CHEZ L'ENFANT
136 Bonnet/Tamine-Gardes : QUAND L'ENFANT PARLE DU LANGAGE
137 Bruyer : LES SCIENCES HUMAINES ET LES DROITS DE L'HOMME

138 Taulelle : L'ENFANT A LA RENCONTRE DU LANGAGE
139 de Boucaud : PSYCHOLOGIE DE L'ENFANT ASTHMATIQUE
140 Duruz : NARCISSE EN QUETE DE SOI
141 Feyereisen/de Lannoy : PSYCHOLOGIE DU GESTE
142 Florin et al. : LE LANGAGE A L'ECOLE MATERNELLE
143 Debuyst : MODELE ETHOLOGIQUE ET CRIMINOLOGIE
144 Ashton/Stepney : FUMER
145 Winkel et al. : L'IMAGE DE LA FEMME DANS LES LIVRES SCOLAIRES
146 Bideau/Richelle : PSYCHOLOGIE DEVELOPPEMENTALE
147 Schmid-Kitsikis : THEORIE CLINIQUE ET FONCTIONNEMENT MENTAL
148 Guggenbühl/Craig : POUVOIR ET RELATION D'AIDE
149 Rondal : LANGAGE ET COMMUNICATION CHEZ LES HANDICAPES MENTAUX
150 Moscato et al. : FONCTIONNEMENT COGNITIF ET INDIVIDUALITE
151 Château : L'HUMANISATION OU LES PREMIERS PAS DES VALEURS HUMAINES
152 Avery/Litwack : NEE TROP TOT
153 Rondal : LE DEVELOPPEMENT DU LANGAGE CHEZ L'ENFANT TRISOMIQUE 21
154 Kellens : QU'AS-TU FAIT DE TON FRERE?
155 Rondal/Henrot : LE LANGAGE DES SIGNES. 2e éd.
156 Lafontaine : LE PARTI PRIS DES MOTS
157 Bonnet/Hoc/Tiberghien : AUTOMATIQUE, INTELLIGENCE ARTIFICIELLE ET PSYCHOLOGIE
158 Giovannini et al. : PSYCHOLOGIE ET SANTE
159 Wilmotte et al. : LE SUICIDE
160 Giurgea : L'HERITAGE DE PAVLOV
161 Ionescu : MANUEL D'INTERVENTION EN DEFICIENCE MENTALE N° 1
162 Ionescu : MANUEL D'INTERVENTION EN DEFICIENCE MENTALE N° 2
163 Pieraut-Le Bonniec : CONNAITRE ET LE DIRE
164 Huber : PSYCHOLOGIE CLINIQUE AUJOURD'HUI
165 Rondal et al. : PROBLEMES DE PSYCHOLINGUISTIQUE
166 Slukin : LE LIEN MATERNEL
167 Baudour : L'AMOUR CONDAMNE
168 Wilwerth : VISAGES DE LA LITTERATURE FEMININE
169 Edwards : VISION, DESSIN, CREATIVITE
170 Lutte : LIBERER L'ADOLESCENCE
171 Defays : L'ESPRIT EN FRICHE
172 Broome Walace : PSYCHOLOGIE ET PROBLEMES GYNECOLOGIQUES
173 Aimard : LES BEBES DE L'HUMOUR
174 Perruchet : LES AUTOMATISMES COGNITIFS
175 Bawin-Legros : FAMILLES, MARIAGE, DIVORCE
176 Pourtois/Desmet : EPISTEMOLOGIE ET INSTRUMENTATION EN SCIENCES HUMAINES
177 Sloboda : L'ESPRIT MUSICIEN
178 Fraisse : POUR LA PSYCHOLOGIE SCIENTIFIQUE
179 Ruffiot : PSYCHOLOGIE DU SIDA
180 McAdams/Deliège : LA MUSIQUE ET LES SCIENCES COGNITIVES
181 Argentin : QUAND FAIRE C'EST DIRE...
182 Van der Linden : LES TROUBLES DE LA MEMOIRE
183 Lecuyer : BEBES ASTRONOMES, BEBES PSYCHOLOGUES : L'INTELLIGENCE DE LA 1re ANNEE
184 Immelmann : DICTIONNAIRE DE L'ETHOLOGIE
185 Collectif : ACTEUR SOCIAL ET DELINQUANCE
186 Fontana : GERER LE STRESS
187 Bouchard : DE LA PHENOMENOLOGIE A LA PSYCHANALYSE
188 Chanceaulme : MOURIR, ULTIME TENDRESSE
189 Rivière : LA PSYCHOLOGIE DE VYGOTSKY

190 Lecoq : APPRENTISSAGE DE LA LECTURE ET DYSLEXIE
191 de Montmolin/Amalberti/Theureau : MODELES DE L'ANALYSE DU TRAVAIL
192 Minary : MODELES SYSTEMIQUES ET PSYCHOLOGIE
193 Grégoire : EVALUER L'INTELLIGENCE DE L'ENFANT
194 Gommers/van den Bosch/de Aguilar : POUR UNE VIEILLESSE AUTONOME
195 Van Rillaer : LA GESTION DE SOI
196 Lecas : L'ATTENTION VISUELLE
197 Macquet : TOXICOMANIES ET FORMES DE LA VIE QUOTIDIENNE
198 Giurgea : LE VIEILLISSEMENT CEREBRAL
199 Pillon : LA MEMOIRE DES MOTS
200 Pouthas/Jouen : LES COMPORTEMENTS DU BEBE : EXPRESSION DE SON SAVOIR ?
201 Montangero/Maurice-Naville : PIAGET OU L'INTELLIGENCE EN MARCHE
202 Colin A. Epsie : LE TRAITEMENT PSYCHOLOGIQUE DE L'INSOMNIE
203 Samalin-Amboise : VIVRE A DEUX
204 Bourhis/Leyens : STEREOTYPES, DISCRIMINATION ET RELATIONS INTERGROUPES
205 Feltz/Lambert : ENTRE LE CORPS ET L'ESPRIT
206 Francès : MOTIVATION ET EFFICIENCE AU TRAVAIL
207 Houziaux : EDUCATION DU PATIENT ET ORDINATEUR
208 Roques : SORTIR DU CHOMAGE
209 Bléandonu : L'ANALYSE DES REVES ET LE REGARD MENTAL
210 Born/Delville/Mercier/Snad/Beeckmans : LES ABUS SEXUELS D'ENFANTS
211 Siguan : L'EUROPE DES LANGUES
212 de Bonis : CONNAITRE LES EMOTIONS HUMAINES
213 Retschitzki/Gurtner : L'ENFANT ET L'ORDINATEUR
214 Leyens/Yzerbyt/Schadron : STEREOTYPES ET COGNITION SOCIALE
215 Tiberghien : LA MEMOIRE OUBLIEE

Manuels et Traités

Droz-Richelle : MANUEL DE PSYCHOLOGIE
Hurtig-Rondal : MANUEL DE PSYCHOLOGIE DE L'ENFANT (Tome 1)
Hurtig-Rondal : MANUEL DE PSYCHOLOGIE DE L'ENFANT (Tome 2)
Hurtig-Rondal : MANUEL DE PSYCHOLOGIE DE L'ENFANT (Tome 3)
Rondal-Seron : LES TROUBLES DU LANGAGE (DIAGNOSTIC ET REEDUCATION)
Fontaine/Cottraux/Ladouceur : CLINIQUES DE THERAPIE COMPORTEMENTALE
Godefroid : LES CHEMINS DE LA PSYCHOLOGIE